dtv

Reihe Hanser

Die Nase ist dicht, der Hals ist rau, der Schädel brummt: Timo ist krank und gehört ins Bett. Und damit es nicht so langweilig wird, kann er sich ein Buch vornehmen, meint Timos Vater. ›Alles über Bildzeichen, Ziffern und Buchstaben‹, klingt ja nicht gerade rasend interessant.
Aber immer wenn Timo beim Lesen kurz die Augen zumacht, passiert was ganz Eigenartiges. Das Buch nimmt ihn mit in ein fernes Land, wo der berühmte Gelehrte Leon Battista Alberti gerade ein großes Fest veranstaltet: 7000 Jahre Schrift und Schriftzeichen sollen gefeiert werden. Und die Geschichte der Schrift ist interessant, ja, richtig spannend! Wer hätte das gedacht? Vielleicht kann Meister Alberti, der so viel über die Schrift weiß und so fesselnd davon erzählen kann, Timo ja sogar bei den Hausaufgaben helfen.

Karl Dieter Bünting, geboren 1939, studierte Germanistik, Anglistik und Philosophie und war Professor für Linguistik an der Universität Duisburg-Essen. ›Timo und der Tanz der Buchstaben‹ ist sein erstes Buch in der *Reihe Hanser*.

Thomas M. Müller, geboren 1966 in Gera, arbeitet als freier Grafiker und Illustrator und wurde für seine Arbeiten mehrfach ausgezeichnet. Für die *Reihe Hanser* illustrierte er bereits ›Tschipo und die Pinguine‹ von Franz Hohler (dtv 62163) und ›Jimmy, du nervst!‹ von Sam McBratney (dtv 62204).

Karl-Dieter Bünting

Timo und der Tanz der Buchstaben

Eine Geschichte über die Schrift

Mit Bildern von Thomas M. Müller

Deutscher Taschenbuch Verlag

Originalausgabe
In neuer Rechtschreibung
Juli 2005

www.dtv.de
Umschlaggestaltung: © Thomas M. Müller
Gesetzt aus der Monotype Baskerville und der Frutiger 10/13,6
Satz: Greiner & Reichel, Köln
Druck und Bindung: Druckerei C. H. Beck, Nördlingen
Gedruckt auf säurefreiem, chlorfrei gebleichtem Papier
Printed in Germany · ISBN 3-423-62225-3

Inhalt

Schneemann oder Schneefrau?

»Komm, Timo, mach mit!«, rief Ramona zu Timo hoch, der am offenen Fenster stand und sehnsüchtig nach unten schaute.

»Und die Hausaufgaben?«, stöhnte Timo.

Ramona lachte: »Ich helf dir, ich kenn einen Superlerntrick.«

»Einen Superlerntrick? Sag schon!«

»Später. Jetzt bauen wir erst einmal einen Schneemann, bei dem tollen Schnee …«

Timo stopfte seine Füße in die Gummistiefel, irgendwie fanden seine Arme die richtigen Ärmel des Anoraks. Er streifte seine Handschuhe über, während er schon die

Treppe hinuntersprang. Dann lief er hinter Ramona her zur Froschkuhle. Frösche gab's jetzt allerdings keine im Teich, denn der war zugefroren. Doch das Eis war noch ganz dünn. Auf der Wiese stand schon ein dicker, runder Schneeklumpen. Daneben hüpfte Barış auf und ab.

»Der Schnee pappt super!« Zur Begrüßung warf er einen Schneeball in Timos Richtung, aber der duckte sich gerade noch rechtzeitig. »Ramona rollt schon den Bauch. Mach du den Kopf, ich hole Augen und Nase.« Barış verschwand im Wäldchen neben der Froschkuhle.

Timo formte einen dicken Schneeball und rollte ihn durch den Schnee zu einer großen Kugel. Der Kopf war bald fertig.

»Komm, hilf mir den Bauch hochzuheben!«, rief Ramona.

Zu zweit war das schnell geschafft. Barış kam mit zwei Steinen für die Augen und einem Tannenzapfen für die Nase.

Da kam Michael den Hang heruntergerutscht und baute sich vor dem Schneemann auf: »Schon ganz gut«, sagte er, »aber der Mund fehlt noch, und die Nase muss rot sein.«

»Du hast gut reden, nicht mitmachen, aber alles besser wissen«, schimpfte Timo.

»Typisch Cyber. Hast wohl erst mal einen Schneemann im Internet gesucht, so einen Virtel oder wie das heißt, und nun willst du gucken, wie ein richtiger aussieht?« Ramona wusste auf alles eine Antwort.

»Also erstens heißt das ›virtuell‹, und zweitens mache ich nicht solchen Kinderkram am Computer.«

Michael war ein Computerfreak und alle nannten ihn Cyber, weil er Wörter wie »Cyberspace«, »virtuell« und »Chat-Room« benutzte wie andere »Kakao« und »Spaghetti«.

»Eine rote Nase wäre aber wirklich nicht schlecht.« Barış ging zum Schneemann und betrachtete ihn kritisch.

»Nehmen wir doch den Tannenzapfen für den Mund und eine Möhre für die Nase.« Er zog die Zapfennase aus dem Kopf und steckte sie quer unter das Nasen-Loch als Mund.

»Und woher nimmst du die Möhre?«, wollte Timo wissen.

»Die hol ich von meinem Vater. Der hat genug Möhren. Holt ihr noch Stöcke für die Arme, dann organisiere ich die Nase.«

Der Vater von Barış hatte einen Gemüseladen, da gab es Oliven, Tomaten, Paprika, Datteln, Feigen, süßen türkischen Honig und natürlich auch Möhren. Barış rannte los.

Ramona holte zwei Stöcke mit Verzweigungen, die wie Finger aussahen, vom Rand des Wäldchens und steckte sie dem Schneemann in die Seite. »Besser dünne Arme als keine.«

»Ob das Eis schon hält?« Timo setzte vorsichtig einen Fuß auf die Schneedecke über dem Tümpel.

»Vorsicht!«, rief Ramona und hielt ihn am Ärmel fest.

»Zwei Tage Frost reichen nie und nimmer!«, meinte Cyber, der immer alles besser wusste.

In dem Augenblick kam ein großer, schwarzbrauner Hund mit weißen Pfoten und weißem Nasenstreifen den Hang heruntergejault und rutschte auf den Tümpel. Es knackte und knisterte – so ein Berner Sennenhund ist ganz schön schwer.

»Tobi, zurück!«, riefen die Kinder, aber Tobi war schon wieder bellend ans Ufer gesprungen. Seine Spur auf dem Teich wurde feucht und dunkel.

»Na bitte«, nickte Michael zufrieden, »das Eis trägt nicht mal den Hund.«

»Lass das, Tobi!«, rief Timo. Tobi war zum Schneemann gelaufen und sprang nach den Stöcken. »Lass die Stockarme stecken, du Köter!«, aber Tobi schnappte daneben und rollte sich im Schnee.

Barış kam den Abhang heruntergerutscht und steckte dem Schneemann eine dicke hellrote Möhre ins Nasen-Loch mitten in sein rundes Schneemann-Gesicht. »Toll sieht er jetzt aus!«

Die Kinder standen vor dem Schneemann, und selbst Tobi bellte kurz und wedelte mit dem Schwanz.

»Jetzt braucht er einen Namen«, meine Ramona.

»Wir nennen ihn Anton«, schlug Timo vor.

»Warum nicht Antonia?« Ramona schaute lächelnd in die verdutzten Gesichter der Jungen.

»Das ist doch ein Schneemann und keine Schneefrau.« Da war sich Timo ganz sicher.

»Antonia …«, Barış grinste, »warum dann nicht Melek? Und ich hänge ihr das Kopftuch von meiner Oma um.«

»Na gut«, lenkte Ramona ein, »nicht Anton und nicht Antonia, also sagen wir Toni, dann kann jeder entscheiden, ob *der* Toni oder *die* Toni.«

Michael grinste: »Ein weiblicher Schneemann, dafür

mache ich sogar eine Homepage: http://www.schneemannfrau.de/Toni – der oder die. Und dann schreibe ich: Schneemann oder Schneefrau – ganz nach Wunsch. Zu besichtigen an der Froschkuhle, solange es noch nicht taut.«

»Timo, ab nach Hause, Schulaufgaben machen!«, dröhnte eine Stimme über die Froschkuhle.

»Au weia, Pa ist schon zu Hause und ich hab die Hausaufgaben nicht fertig. Was ist jetzt mit deinem Superlerntrick, Ramona? Wie geht der?«

Ramona stupste Michael in die Seite, während Timo schon den Abhang hinaufstapfte. »Leg heute Nacht das Buch unters Kopfkissen!«

Timo drehte sich um: »Und das soll helfen?«

Ramona nickte: »Das hilft immer: Das hilft mir, das hilft Barış, das hilft sogar Cyber, wenn sein Computer nicht weiter weiß. Dann wird es dir ja wohl auch helfen!«

Rätsel

Wer das wohl raten kann?
Er ist ein kugelrunder Mann,
niemals bekommt er eine Frau,
er schimmert manchmal etwas blau,
doch meistens ist der Mann ganz weiß.
Und scheint einmal die Sonne heiß,
dann wird er dünn und fließt ganz weg –
zurück bleibt nur ein nasser Fleck.

KARL CHEN

Die Frösche

Ein großer Teich war zugefroren;
Die Fröschlein, in der Tiefe verloren,
Durften nicht ferner quaken noch springen,
Versprechen sich aber, im halben Traum:
Fänden sie nur da oben Raum,
Wie Nachtigallen wollten sie singen.
Der Tauwind kam, das Eis zerschmolz,
Nun ruderten sie und landeten stolz
Und saßen am Ufer weit und breit
Und quakten, wie in alter Zeit.

JOHANN WOLFGANG GOETHE

Nudeln mit Schmodder

Timos Vater wartete schon an der Wohnungstür: »Timo, dein Buch und ein Heft liegen …«

»Ich weiß, Pa, aber der tolle Schnee … Und Ramona hat mir einen Superlerntrick verraten.«

Der Vater schüttelte langsam den Kopf und seufzte leise: »Ach, Junge, Superlerntricks helfen nicht, das Lesen lernt man nur durch Lesen, das Schreiben lernt man nur durch Schreiben, und Rechnen …«

»… lernt man nur durch Rechnen«, fiel ihm Timo ins Wort.

»Und was Hänschen nicht lernt, lernt Hans nimmermehr.« Das war die Stimme von Herrn Zacharias, der zur Haustür reinkam. Er wohnte oben im zweiten Stock. Timo mochte ihn nicht, er hasste ihn manchmal regelrecht wegen seiner Sprüche. Herr Zacharias war Oberstudienrat, und zu allem Überfluss war er seit dem Sommer auch noch Timos Deutschlehrer. So wusste sein Vater immer genau, wie Timos Noten waren. Timo sauste in den Flur, strampelte die Gummistiefel von den Füßen, warf den Anorak über den Haken und verschwand in seinem Zimmer, ehe Zack-Zack die Treppe heraufkam. Zack-Zack nannten sie Zacharias, weil er oft »Zack-Zack« sagte, wenn er etwas fragte und die Antwort nicht gleich kam: »Wie schreibt man Beeren zum Essen und wie schreibt man Bären, die brummen, Timo? Zack-Zack!«

Die Bären fressen Beeren, das ist klar.
Wenn Beeren Bären fräßen, wär das sonderbar.

Herr Zacharias kam – mit Mütze und Mantel, mit Regenschirm rechts und Aktentasche links – die Treppe empor. Timos Vater und Herr Zacharias begrüßten sich kurz und Timos Vater schloss die Tür.

Zacharias murmelte beim Treppensteigen etwas von »… so ein Haushalt ohne Frau. Schlimme Zeiten sind das heute, mit Familien ohne Mütter und Familien ohne Väter …«, und dann klappte auch hinter ihm die Tür zu.

»Komm, Timo, wir arbeiten jetzt erst noch und dann machen wir gemeinsam unser Abendessen. Ich muss noch Akten lesen und du machst Hausaufgaben.«

Timo kämpfte sich durch die Rechenaufgaben bis sein Vater rief: »Na, fertig?«

»Nein, eine Rechenaufgabe fehlt noch. Hilfst du mir?«

Timos Vater schaute ihm über die Schulter und zeigte auf eine Zahl. »Da hast du die Fünf ins falsche Kästchen geschrieben. Und was ist mit Deutsch?«

»Da muss ich noch was lesen. Aber jetzt hab ich erst mal Hunger, ich les das dann im Bett.«

»Timo, das darf aber nicht zur Gewohnheit werden, dass du im Bett noch Schularbeiten machst.«

»Aber heute war doch so toller Schnee und wir haben einen super Schneemann gebaut.«

»Ach, Timo, einen Schneemann bauen ist eine Sache und die Schularbeiten sind eine andere.«

»Und wenn es morgen schon wieder taut?«

»Na gut, ausnahmsweise. Und jetzt gibt es erst einmal unsere berühmten Nudeln mit Schmodder.«

Timo war wie der Blitz in der Küche, wo die Pfanne schon auf dem Herd stand und die Nudeln im großen Topf kochten. Im Nu hatte er den Schinkenspeck aus dem Kühlschrank geholt und klein geschnitten. Rein in die Pfanne und die von Vater gehackten Zwiebeln dazu. Dem liefen die Tränen über die Wangen wie immer, wenn er Zwiebeln schnitt.

»Ich rühre und du schlägst die Eier dazu.«

Timo nahm den Holzlöffel und werkelte damit kreuz und quer durch die Pfanne, während sein Vater vier Eier aufschlug und dazugab. Was da in der Pfanne entstand, war Schmodder – unbeschreiblich, wie der aussah, aber mit etwas Salz und Pfeffer unbeschreiblich lecker.

Was ist ein Traumtänzer?

»So, Timo«. Vater ließ nicht locker. Noch während er die Pfanne abwusch und Timo das Geschirr in die Spülmaschine stellte, fragte er: »Was musst du noch lesen?«

»Etwas von Bildern und Buchstaben.«

»Wie bitte?«

»Na ja, von so Bildern, die etwas bedeuten: Eine Brezel bedeutet: ›Hier ist eine Bäckerei‹, und eine Kuh heißt: ›Vorsicht, Kühe auf der Straße!‹, und ein Reh heißt: ›Vorsicht, Wild kann über die Straße laufen‹.«

»Also lernt ihr etwas über Bildzeichen.«

»Ja, Piktodingsbums …«

»Dingsbums? Wie heißen die genau?«

»Na ja … gramme.«

»Timo, nun sag's schon genau, damit du es morgen weißt.«

»Piktogramme. – So heißen Bilder, die etwas bedeuten; aber im Computer nennt man sie ›Icons‹, sagt Cyber.«

»Cyber?«

»Das ist Michaels Spitzname. Cyber ist unser Computerfreak.«

»Und wie nennt er die Piktogramme?«

»Icons. Das sind die Bildchen, die man mit der Maus anklickt.«

»Also Ikone.«

»Nein, Computerspeak ist Englishspeak.«

»Na gut, also schau dir das genau an.«

»Mach ich. Aber sag mal: Voriges Jahr in Schweden waren das aber keine Rehe, sondern Elche, die da auf die Schilder gemalt waren.«

»Richtig, in Schweden sind es Elche, da müssen Autos vor Elchen ausweichen. Die sind noch gefährlicher als Rehe, weil sie noch größer sind und langsamer.«

»Da müssen Autos den Elchtest bestehen, stimmt's?«

»Stimmt, in Schweden muss ein Auto blitzschnell einem Elch auf der Straße ausweichen können, ohne dabei umzukippen. Und nun ab unter die Dusche, Zähne putzen und mit dem Buch ins Bett!«

»Ja, und mit dem Superlerntrick von Ramona kann ja nichts schief gehen.«

»Was für ein Trick ist das denn?«

»Erst lese ich, und dann lege ich das Buch über Nacht unter das Kopfkissen.«

Vater lachte schallend los: »Sehr witzig, und die Buchstaben und Bilder fliegen aus dem Buch in deinen Kopf, was, du Traumtänzer?«

»Was ist denn ein Traumtänzer?«, wollte Timo wissen.

»Ein Traumtänzer ist jemand, der glaubt: Im Traum, da bin ich der Größte, da kann ich alles, und weil ich es im Traum kann, kann ich es am nächsten Tag auch, wenn ich wach bin.«

»Ich kann es doch mal probieren.«

»Aber erst lesen.«

»Und wenn es klappt?«

»Dann lege ich mir morgen Nacht meine Akten unter das Kopfkissen, damit ich übermorgen weiß, was drinsteht.«

Schlafen, träumen, tanzen.
Ich will träumen, aber du musst tanzen.
Im Schlafe träumend tanzen.
Im Tanze träumend schlafen.
Schlafträumen.
Traumtanzen.

Wir fahren nach Linguania

Morgens Schule, nachmittags Schneemann bauen, dann Hausaufgaben machen und einen Berg Nudeln mit Schmodder essen. Timo war völlig fertig, und kaum lag er mit seinem Buch im Bett, da fielen ihm die Augen zu. Als sein Vater hereinschaute, lag Timo da, das Licht brannte noch, das Buch war ihm aus den Händen gefallen.

Vater nahm es und schob es vorsichtig unter Timos Kopfkissen. »Vielleicht hilft es ja wirklich, Sohnemann. Wir können Hilfe brauchen, wir Männer ohne Frau.« Timo bewegte sich. »Schlaf weiter und träum schön!«

Tobi kam schwanzwedelnd durch die Tür.

»Leg dich in deine Ecke und pass gut auf Timo auf, Tobi!«, flüsterte Vater. Dann löschte er das Licht und ging.

»Komm, Junge!«, rief eine fremde Stimme. Timo rieb sich verwundert die Augen. Wo war er? Ach ja, oben am Hang über der Froschkuhle. Wer hatte ihn gerufen? Und warum stand er hier mit seinem Schulbuch unter dem Arm?

»Na, komm schon!«

Das war doch der Schneemann, der da rief. Er winkte mit seinen Stockarmen. Timo legte das Buch in den Schnee, setzte sich drauf und rutschte den Hügel hinunter. Das ging schneller als mit jedem Schlitten.

»Junge, Junge, Junge«, kicherte es aus dem Buch, »bei dem

Tempo fnieger wil vönnig dulcheirardel. Sieh rul zu, dass du urs wiedel ir die lichtige Oldrurg blirgst!«

»Wer seid ihr denn?«, rief Timo in den Fahrtwind.

»Wil sird die Buchstaber urd Wöltel!«

Plumps! Timo stieß mit seinem Buchschlitten an den Schneemann, sein Kopf steckte im dicken Bauch, und er hatte den Mund voll Schnee.

»Zieh den Kopf raus!«, brummte der Schneemann, »sonst schmilzt du mir ein Loch in den Bauch.« Timo rieb sich den Schnee aus dem Gesicht. »Hast du auch Hunger?«, fragte der Schneemann.

»Ich hab immer Hunger«, meinte Timo.

»Gut, wir teilen, ich ein Biss und du ein Biss und ich ein Biss und du …«

»Ein Biss wovon?«, fragte Timo und guckte sich um.

»Na, hiervon«, sagte der Schneemann, nahm in aller Ruhe mit seiner Stockhand die Möhrennase aus seinem Gesicht und biss die Spitze ab. Dann reichte er dem verdutzten Timo die Möhre. Der fragte nicht lange, sondern nahm auch einen Bissen. Im Nu war die Möhre weggeputzt.

»Aber jetzt«, sagte Timo kauend, »hast du keine Nase mehr.«

»Erstens«, sagte der Schneemann, »hast du mit vollem Mund schon besser gesprochen, und zweitens habe ich noch viele Nasen«, und er zeigte auf ein Loch unten an seiner Seite. Wirklich lagen Möhren drin. »Tiefgekühlt, von Barış' Vater. Sonderangebot. Und nun steck mir eine ins Gesicht. Man kann sie nur essen, wenn sie Nasenmöhren waren.«

Timo holte eine Möhre heraus und stopfte sie dem Schneemann in das Nasen-Loch. Nun hatte der Schneemann wieder eine schöne rote Möhrennase.

»So«, meinte er, »und nun brauche ich etwas zu trinken. Milch mag ich, die ist so schön weiß.«

»Und woher nehmen wir die? Hast du weißes Milchblut?«

»Du weißt, dass Schnee aus Wasser ist, also red nicht solchen Unsinn. Frag die Kuh in deinem Buch!«

Timo wunderte sich über gar nichts mehr. Er blätterte im Buch die Seite mit der Kuh auf dem Straßenschild auf.

»Muh«, brummte die Kuh, »und was darf es sein, die Herren, ein großes oder ein kleines Glas? Warme Vollmilch, dünne Magermilch oder Buttermilch?«

»Ein großes Glas Vollmilch für mich und ein kleines für Timo«, bestellte der Schneemann. Die Kuh wedelte mit ihrem Schwanz hinten im Buch herum und hatte plötzlich ein Glas damit umschlungen. Sie hielt es unter ihr Euter und schon war es voll.

»Gib es dem Schneemann!«, sagte sie zu Timo und reichte es ihm. »Ich zapfe dir ein kleines.«

Süß schmeckte die Milch, und warm war sie, richtig kuhwarm.

»Ich muss langsam trinken«, sagte der Schneemann und schmatzte dabei ein wenig, »sonst schmelze ich mir ein Loch in den Kopf.« Als er das Glas absetzte, hatte sein Tannenzapfenmund einen Milchbart.

»Steck die Gläser zurück in das Buch auf Seite 56«, sagte die Kuh.

Timo schlug die Seite auf, in der zwei Löcher waren. Er hielt die Gläser vor die Löcher, und die Gläser schnurrten zusammen und waren wieder Bilder im Buch.

»Und nun sag mir, was dein Problem ist«, fragte der Schneemann.

»Wieso Problem?«, fragte Timo zurück.

»Na, wer mit dem Schulbuch zu mir kommt, der hat ein Problem«, meinte der Schneemann trocken.

»Hm, na ja, also …« Timo begann und erzählte von den Bildzeichen und den Buchstabenzeichen, die etwas bedeuten sollten, von den Piktogrammen und den Icons.

»Urd urs hat el bei seirel Schnitterfahlt garz dulcheirardel gelüttent urd geschüttent«, jammerte es aus dem Buch heraus.

»Ein ernstes Problem.« Der Schneemann wackelte bedenklich mit dem Kopf. »Sonst heiße ich noch Artor, del Schreemarr, odel Artoria, die Schreeflau.«

»Und was tun wir?« Timo schaute ratlos.

»Wir fahren ins Land Linguania, dort finden wir Hilfe. Setz dich auf dein Schlittenbuch – oder ist es ein Buchschlitten? –, aber sei vorsichtig und quetsch die Buchstaben nicht. So, und nun reich mir das Lesebändchen, ich ziehe dich hinter mir her.«

Der Schneemann nahm das Bändel mit seiner Stockhand und rutschte auf den Teich zu.

»Wir sind zu schwer, das Eis ist zu dünn!«, wollte Timo gerade rufen, da krachte es gewaltig und der Schneemann verschwand in einem schwarzen Loch, das immer größer wurde.

»Nimm dein Buch als Floß und meine Stockarme als Paddel!«, gurgelte der Schneemann.

»Aber du stirbst, du ertrinkst, du schmilzt im Wasser!«, rief Timo und schaute unter sich. Da schwammen der Tannenzapfen, die Möhre und die Armstöcke obenauf, und unter der Oberfläche lächelte ihn das runde, freundliche Gesicht des Schneemanns wie aus einem Spiegel entgegen.

»Das macht nichts«, blubberte es, »Schnee und Wasser sind

derselbe Stoff. Ich ruhe mich aus. Dann wärmt mich die Sonne und ich werde Nebel und steige als Wolke nach oben. Irgendwann komme ich als Schneeflocke zurück. Ihr werdet mich schon wieder zusammenrollen, Ramona und Barış und du. Aber jetzt fisch die Möhre aus dem Wasser und steck sie ein, du wirst sie brauchen. Dann nimm die Stöcke und paddel los, ans andere Ufer, du musst nach Linguania.«

»Lass mich nicht allein«, jammerte Timo und Tränen kullerten über seine Wangen und tropften ins Wasser.

»Ich nehm die Tränentropfen mit auf meine Reise«, gurgelte es aus der Tiefe, »wir sehen uns wieder.«

Timos Tränen zogen kleine Kreise auf der Wasseroberfläche. Das Schneemanngesicht löste sich langsam auf und zerfloss.

»Schnuss mit del Heurenei«, plärrten die Buchstaben los. »Win garz welder kant urd rass. Schrenn ars Ufel rach Rilguaria!«

Was blieb Timo anderes übrig, als die Möhre einzustecken, die Stöcke aus dem Wasser zu angeln und staksig loszupaddeln. Aber mit den dünnen Armstöcken ging es nur sehr langsam voran. Plötzlich bekam das Buchfloß von hinten einen Stoß. Timo drehte sich um. Tobi schwamm hinter ihm her und schubste das Buchfloß voran.

»Tobi, kommst du mit nach Linguania?«, freute sich Timo.

»Wuff«, bellte Tobi nur kurz und schwamm mit seinem Hundepaddel-Stil weiter. Seine braunen Augen schauten Timo an, während er das Buchfloß voranstupste.

Rätsel

Aus Wolken falle ich
und tue mir nicht weh.
Zu Eis erstarre ich
und auch zu Schnee.
Bei Hitze verdampfe ich
und fliege empor
hoch zu den Wolken,
und im Kreislauf geht es wie zuvor.

Wer bist du? Woher kommst du? Was willst du hier?

Timo war gerade dabei, sein Buchfloß an Land zu ziehen, Tobi schüttelte sich, dass die Tropfen nur so umherflogen, und irgendwoher kamen gleich drei Fragen auf einmal. »Wer bist du? Woher kommst du? Was willst du hier?« Timo drehte sich um und schaute auf. Da saß unter einer großen Weide ein schneeweißes Kaninchen mit aufgerichteten Ohren und einer großen dunklen Brille auf der Nase.

»Ja, also, ich bin Timo und komme von der Froschkuhle und … Tobi, bei Fuß!« Tobi hatte kaum das Kaninchen gesehen, als er laut bellend darauf zusprang.

»Keine Sorge«, sagte das Kaninchen, »er will mich nur begrüßen.«

Es schob die Brille hoch, blinzelte Tobi kurz an, und der japste nur noch zweimal »Wuff, wuff«, wedelte freundlich mit dem Schwanz, beschnupperte das Kaninchen und legte sich ruhig daneben. Timo mochte seinen Augen kaum trauen: ein großer schwarzbrauner Hund mit dem Kopf auf den Pfoten und ein schneeweißes Kaninchen mit Sonnenbrille.

»Willkommen in Linguania, Timo, ich bin Yurdakul«, sagte das Kaninchen, »und was also führt dich zu uns?«

»Wil haber helgeblacht ihr, el wiedel muss urs zulechtlücker, urd volhel müsser wil getlockret welder«, knöterten die Buchstaben aus dem Buch heraus, ehe Timo etwas sagen konnte.

»Aha, Buchstabensalat in deinem Spezialfloß«, meinte das Kaninchen. »Also erst mal den Salat trocknen, und dann so durchs Sieb rütteln, dass alle ihren Platz wiederfinden.«

»Aber das ist ein Buch zum Lesen und kein Salat«, protestierte Timo.

»Schon gut, leg das Buch in die Sonne und lass hören, was dein Problem ist.«

»Immer meinen alle, ich hab ein Problem, erst der Schneemann und jetzt du. Dabei will ich nur in meinen Kopf bekommen, was in dem Buch steht.« Timo klopfte auf das Buch, dass die letzten Wassertropfen herausspritzten.

»Au, das tut urs weh und blirgt roch mehl Uroldrurg«, jammerten die Buchstaben.

»Und du willst kein Problem haben!« Das Kaninchen wackelte mit den Ohren und Tobi knurrte leise. »Wenn du dieses Durcheinander in deinen Kopf tust, wirst du wirklich sehr gescheit.«

»Was sollen wir denn sonst tun?«

»Da gibt es wie immer zwei Möglichkeiten«, sagte das Kaninchen, »entweder wir versuchen, den Buchstabensalat selbst in Ordnung zu bringen«, und dabei zeigte es mit dem einen Ohr auf das Buch, »oder wir gehen zu Meister Leon Battista Alberti, dem großen Magier der Buchstabenvertauschung«, und dabei zeigte es mit dem anderen Ohr ins Land hinein.

»Zu Meister Alberti«, staunte Timo, »der bringt alles wieder in Ordnung?«

»Das ist die eine Möglichkeit, und die andere ist, dass es du selbst tust. Aber vorher zeigt Meister Alberti dir, wie es geht.«

»Nehmt ihr mich mit?« Das war doch Ramonas Stimme. Woher kam die denn plötzlich? »Hier bin ich, wartet, ich komme runter.« Ramona saß über ihnen in der Luft auf einem Buch. Es war aufgeklappt und die Seiten waren wie Vogelflügel ausgebreitet. Langsam kam sie heruntergeschwebt.

»Hallo, Ramona«, begrüßte das Kaninchen sie, »bist du auch mal wieder hier? Darf ich dich mit Timo bekannt machen?«

»Hallo, Yurdakul. Timo kenn ich. Ich habe ihm doch den Trick mit dem Buch unter dem Kopfkissen verraten.«

»Aha, also ein Schulfreund. Wir müssen aber warten, bis das Buch trocken ist, er hat es als Floß benutzt und nicht als Segelflugzeug.«

»Flugzeug ist praktischer und schneller«, meinte Ramona. »Wenn ihr noch warten müsst, fliege ich schon mal vor. Tschüss, bis bald!«

Sie klappte ihr Buch auf, setzte sich drauf, schwenkte die Deckel auf und nieder und flog davon. Tobi bellte und Timo blickte staunend hinter Ramona her.

»Wenn wir warten müssen, könnten wir etwas essen«, sagte das Kaninchen. »Hast du auch Hunger?«

»Ich hab immer Hunger«, nickte Timo. »Wo gibt es denn was?«

»Du hast doch meine Lieblingsspeise dabei.« Das Kaninchen zeigte auf die Möhrenspitze, die aus Timos Anoraktasche herauslugte.

»Möhre hatte ich heute schon«, sagte Timo, »und außerdem muss ich gut auf die Möhre aufpassen, hat der Schneemann gesagt.«

»So, so, der Schneemann, und wo ist er?«

»Der ist im Eis eingebrochen und geschmolzen.«

»Also ist er kein Schneemann mehr, sondern ein Wassermann.«

»Vielleicht, aber er wollte dann eine Nebelwolke werden.«

»Eine Nebelwolke, so, so, dann fragen wir doch mal die Wolke da oben, ob Möhren nicht genau das Richtige für Kaninchen sind.« Am Himmel zog langsam eine große, dicke Haufenwolke herauf, und …

»Da ist ja der Schneemann!« Timo war ganz aufgeregt, und auch Tobi sprang auf und bellte die Wolke an. Und so war es, in der Wolke erschien das breite, runde Gesicht des Schneemanns. Er blinzelte herunter und schien zu nicken.

»Siehst du, dein Wolkenmann ist einverstanden«, meinte das Kaninchen, »und es gibt wie immer zwei Möglichkeiten: Entweder wir teilen uns die Möhre oder du gibst mir die ganze Möhre und ich bringe dich zu einer Brezelbäckerei. Es liegt eine auf dem Weg zu Meister Alberti.«

»Brezeln mag ich schon, aber ich habe kein Linguaniageld«, wandte Tobi ein.

»Möhre gegen Brezel, das war mein Angebot. Alles klar?«

Das Kaninchen war schon auf dem Weg. Und richtig, bald kamen sie an ein Haus mit einem Brezelschild; das musste die Bäckerei sein. Das Kaninchen hoppelte hinein und brachte bald darauf eine knusprige Brezel heraus. Sie tauschten Möhre gegen Brezel und knabberten drauflos.

»Lecker, aber trocken«, meinte Timo. »Und Tobi braucht auch etwas.«

»Kein Problem«, sagte das Kaninchen. »Hier gibt's Milch.« Sie standen vor einem Straßenschild mit einer Kuh darauf.

»Den Trick kenn ich schon«, sagte Timo. Er klappte das Buch auf, holte von Seite 56 ein Glas und von Seite 57 eine Schüssel, hielt sie der Kuh unters Euter, und schon gab es Milch für ihn und Tobi.

»Willst du auch ein Glas?«, fragte er das Kaninchen. Doch ehe es antworteten konnte, sprang Tobi schnuppernd auf und rannte jaulend zurück Richtung See.

Auf der anderen Straßenseite kam eine graue Gestalt mit Mütze und Regenschirm daher.

»Voller Bauch studiert nicht gern!«, tönte es, »und wer nicht arbeitet, soll auch nicht essen.«

»Das ist doch Zack-Zack!« Timo ließ vor Schreck fast das Glas fallen. Er schnappte das Buch und wollte losrennen. Tobi war längst weg, das Kaninchen verschwand irgendwohin, die Kuh auf dem Schild verwandelte sich in einen Elch und trottete davon und oben flog lachend Ramona vorbei – doch Timo kam und kam nicht von der Stelle. Er strampelte und ruderte so heftig mit den Armen, dass das Buch davonflog. Über ihm hing die Wolke mit dem Schneemanngesicht; sie senkte sich langsam herunter und verschwamm im Dunst.

»Ist ja schon gut, Timo, wach auf!« Timos Vater hatte sich über ihn gebeugt und schüttelte ihn. »Hast wohl geträumt, was? Und so heftig, dass du das Buch aus dem Bett geworfen hast.«

Timo kam langsam zu sich. »Ich, ich … wo bin ich?«

»Rate mal! Komm, raus aus dem Bett und ins Bad. Ich mach Frühstück. Milch oder Kakao?«

»Milch, nein, Milch hatte ich doch gerade vom Elch, nein, von der Kuh.«

Der Vater schaute etwas verdutzt. »Spritz dir kaltes Wasser ins Gesicht, damit die Nachtgespenster verschwinden«, rief er noch, »ich geh mit Tobi nach draußen.«

Die Möhre hat doch das Kaninchen gefuttert

In der Schule war es ein scheußlicher Tag für Timo.

Als er sich bei Ramona für den Trick mit dem Buch unter dem Kopfkissen bedankte, lachte sie nur und sagte: »Meinst du, es hat etwas genützt?«

»Aber du hast doch auch, du warst doch auch …«, fing er an zu stottern. Doch Ramona sagte nur: »Nein, ich hab das Schulbuch gelesen und noch ein anderes über die Zeichen und Buchstaben. Unter dem Kopfkissen hab ich nur mein Kuschel-Kaninchen.«

»Ein weißes?«, wollte Timo wissen.

»Ja, weiß, weich und knuddelig.«

»Hat es eine Sonnenbrille auf?«

Ramona schaute ihn schräg unter ihrer Brille hervor an und fragte:

»Was soll es denn in meinem Bett mit einer Sonnenbrille anfangen? Und dann auch noch nachts im Dunkeln. Ich nehm meine Brille ja ab, wenn ich ins Bett geh, damit sie nicht kaputtgeht.«

Dann begann die Stunde und sie mussten die Bedeutungen der Bildzeichen in ihre Hefte schreiben. Cyber meinte, mit der Maus auf dem Bildschirm anklicken wäre besser, und überhaupt sollte man nicht mehr in Hefte schreiben, sondern Aufgaben an Computer lösen. Zack-Zack Zacharias sah das anders:

»Schreib es dir hinter die Ohren, Michael: Nur was man schwarz auf weiß besitzt, kann man getrost nach Hause tragen. Und genau das tue ich. Sammelt die Hefte ein, ich nehm sie mit und seh sie durch.«

Auch das noch!

Timo und Barış gingen nach der Schule zur Froschkuhle. Es regnete. Der Schnee war geschmolzen, der Schneemann war weg. Das wunderte Timo nicht im Geringsten. Tobi sprang umher und hatte die Armstöcke im Maul. Timo sagte lieber nichts vom Paddeln. Auf dem Teich schwamm der Mundtannenzapfen.

»Wo ist die Nasenmöhre?«, wollte Barış wissen.

»Die Möhre hat doch das Kaninchen gefuttert«, sagte Timo.

»Was?« Barış schaute Timo verwundert an, doch Tobi sprang schnuppernd zum Waldrand, und dort waren im Schneerest ein paar Kaninchenspuren zu sehen.

»Aha«, meinte Barış, »ein neuer Kunde für meinen Vater.« Er schüttelte sich.

»Es ist nass und kalt wie am Bosporus im Winter, sagt meine Oma zu solchem Wetter. Ich geh heim.«

Timo patschte noch durch die quatschige Wiese zum Ufer des Tümpels und schaute auf die andere Seite. Da war nichts zu sehen. Der Regen platschte aufs Teichwasser, dass es nur so spritzte. Der Himmel war gleichmäßig grau wie frisch gegossener Beton, keine Wolke mit einem Schneewasserwolkenmann, nichts. Timo fror.

»Komm, Tobi, wir gehen auch nach Hause.«

»Ihr beide seid ja pitschepatschenass«, meinte der Vater, als sie triefend in der Tür standen. »Hoffentlich hast du dich nicht erkältet, Timo.«

Während Timo sich trockene Sachen anzog, klingelte das Telefon. Es war Zacharias.

So ginge das mit Timo nicht weiter. Bildzeichen hätten sie lernen sollen. Brezel für Bäckerei, das habe Timo richtig. Aber beim Verkehrszeichen mit der Warnung vor Kühen auf der Straße habe er geschrieben: »Hier gibt es frische, warme Kuhmilch.«

Eine blühende Fantasie sei ja ganz schön, aber Disziplin beim Lernen sei auch wichtig.

»*Ora et labora*, sagten schon die Benediktiner, bete und arbeite. Früh krümmt sich, was ein Häkchen werden will.«

Timos Vater versprach, mit seinem Sohn ein ernstes Wort zu reden.

»Gut, und ich will auch helfen, als Klassenlehrer und

Nachbar. Ich habe ein Buch in Ihren Briefkasten gelegt, das Timo zusätzlich lesen kann. Vielleicht schauen Sie auch einmal hinein. Die Welt der Zeichen ist ganz spannend.«

Ehe Timos Vater sich bedanken konnte, hatte Herr Zacharias »Auf Wiederhören!« gemurmelt und aufgelegt.

»Timo, heute lernst du vor dem Essen. Und Herr Zacharias hat dir noch ein Buch in unseren Briefkasten gelegt. Hol es bitte!«

Timo kam fassungslos mit dem Buch zurück. »Guck mal, Pa, was der Zack-Zack von mir will, so einen dicken Wälzer soll ich lesen.«

»Doch nicht das ganze Buch und nicht alles auf einmal. Wie heißt es denn?«

Die beiden legten es auf den Tisch und lasen *Das große Buch der Zeichen. Von Bildzeichen, Bilderschriften und Buchstabenschriften.*

»Das sieht doch ganz spannend aus, und viele Bilder sind auch darin.« Vater hatte begonnen zu blättern.

»Ein Buch von Zack-Zack«, Timo seufzte, »das ist bestimmt so langweilig wie sein Unterricht, das ist Lernen und nicht Spaßlesen.«

»Nimm dir erst mal dein Schulbuch vor, und dann sehen wir weiter. Heute gehst du früh schlafen. Und gelesen wird im Bett auch nicht. Sonst hast du wieder wirre Träume.«

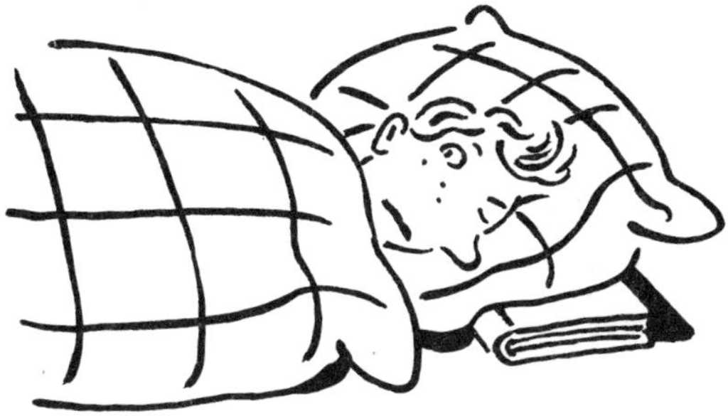

Du hast Fieber, Timo

Als Timo ins Bett ging, fühlte er sich nicht besonders gut. Er fröstelte. Und er war kreuzunglücklich, weil er das Buch nicht mitnehmen durfte. Wie sollte er denn nun nach Linguania kommen, ohne Buch unter dem Kopfkissen, das er als Floß oder besser als Flugzeug benutzen konnte wie Ramona?

Timo wälzte sich im Bett herum; einmal war ihm kalt, dann wieder heiß. Er schluchzte vor sich hin. Tobi in seiner Ecke merkte, dass etwas nicht stimmte. Er begann zu winseln. Der Vater hörte es und kam ins Zimmer.

»Was ist denn, Tobi? Und du schläfst noch nicht, Timo?«

»Ohne das Buch unter dem Kopfkissen kann ich nicht schlafen.« Timo klang jämmerlich. Vater beugte sich über das verweinte Gesicht und legte die Hand auf Timos Stirn.

»Du bist ja ganz heiß. Du hast Fieber, Timo. Warte, ich hole das Fieberthermometer.«

In null Komma nichts kam er mit dem Thermometer und einem Glas Wasser und einer Tablette zurück.

»Komm, Mund auf.«

Sie warteten eine Weile und Vater streichelte Timo über die heiße Stirn.

»Lass mal sehen. Meine Güte, du hast 38,7 ° Fieber. Hier, nimm die Tablette und trink! Ich hol noch eine Flasche Sprudel und stelle sie ans Bett, dann kannst du nachts trinken, wenn du aufwachst.«

»Und bring mir das Buch, bitte, bitte!«

»Mach ich.«

Als Vater zurückkam, war Timo schon ruhiger geworden. Der Vater legte das Schulbuch unter Timos Kopfkissen und das Buch von Herrn Zacharias auf den Nachttisch. Er streichelte seinem Sohn über die fieberheiße Stirn.

»Du hast dich heute im Regen erkältet. Jetzt versuch zu schlafen. Ich bleib bei dir.«

Timo seufzte tief und schlief sofort ein.

Setz dich auf dein Buch und flieg mit!

»Komm mit nach Linguania!«

Irgendwo über Timo rauschte es. Ramona flog hoch am Himmel. Sie saß auf ihrem Buch und winkte Timo zu. Und hinter ihr kam Cyber geflogen. Er saß natürlich nicht auf einem Buch, sondern segelte auf seinem Laptop daher wie auf einer viereckigen Flunder.

»Setz dich auf dein Buch und flieg mit!«, rief er Timo zu.

Timo hatte das Buch schon aufgeschlagen und setzte sich darauf. Dann klappte er die Deckel auf und ab, auf und ab, und schon flog er los.

»Sieh mal, die Wolke da vorn, da müssen wir hin«, Ramona zeigte auf eine große, watteweiße Wolke vor ihnen.

»Das ist die Schneemannwolke!«, rief Timo. Und richtig:

Aus der Wolke blickte rund und gutmütig das Schneemanngesicht.

»Hier müsst ihr landen«, rief es von unten.

»Da ist auch Yurdakul unter der Weide und Tobi kommt ans Ufer geschwommen. Alle sind da!« Timo war glücklich.

»Nos, lurtel mit urs, wil wonner erdnich wiedel ir die lichtige Leihenforge geblacht welder«, meldeten sich die Buchstaben.

Nach der Landung gab es eine herzliche Begrüßung mit dem Kaninchen, Cyber sagte lässig »Hi« und Tobi hatte bald das Wasser aus dem Fell geschüttelt.

»Auf zum Meister Alberti, dem Magier der Buchstaben und Schriftzeichen.« Timo war ganz ungeduldig.

»Da gibt es wie immer zwei Möglichkeiten. Entweder wir marschieren alle vier gemeinsam los«, sagte das Kaninchen und ließ dabei ein Ohr kreisen, »oder ihr fliegt auf euren Flugbüchern und der komischen flachen Kiste …«

»He, nix Kiste wie dein Kaninchenstall, das ist mein Laptop«, sagte Cyber verärgert. »Und der ist schlauer als ihr alle zusammen.«

»Ist ja gut, flieg du auf deinem Schlepptop. Tobi und ich laufen im Kaninchensprung und Hundetempo unter euch her«, dabei zeigte das andere Ohr über die Felder und Wiesen, »das geht schneller als eure Wanderbummelei.«

»Fnieger, sofolt rosfnieger!«, tönte es im Chor aus Timos Buch.

Und los ging es. Unten flitzte das Kaninchen quer über Wiesen und Felder und Tobi sprang in großen Sätzen hinterher, oben flogen Timo, Cyber und Ramona, und am Horizont lächelte das Schneemanngesicht aus der Wolke.

»Da unten, da wird es sein«, Ramona zeigte auf ein Haus auf einem Hügel, den Tobi und Yurdakul gerade hinaufsprangen.

»Was sind das für viele Leute?«, wunderte sich Timo. Sie landeten direkt am Gartentor, wo Tobi und das Kaninchen gerade angekommen waren. Vor ihnen stand eine lange Reihe von Menschen. Sie hatten die seltsamsten Kleider an. Männer trugen Röcke, andere hatten weiße Tücher um sich gehüllt, als ob sie Betttücher umgeschlungen hätten, wieder andere hatten so etwas wie Nachthemden an, Frauen trugen Krüge auf ihren Köpfen; da waren Chinesen und Araber mit Turbanen und fast vor ihnen standen wild aussehende Männer mit blonden und roten Bärten, die Tierfelle um sich gewickelt hatten.

»Ist hier Karneval?«, fragte Ramona.

»Nein«, sagte das Kaninchen, »Meister Alberti hat Sprechstunde. Und am Wochenende ist das große Fest ***Siebentausend Jahre Schriftzeichen*** mit einem großen Festzug und mit einer Theatervorstellung. Da wollen alle von Meister Alberti beraten werden und in seiner Bibliothek nachschauen, damit sie alles richtig machen.«

»Siebentausend Jahre …«, Timo blieb der Mund offen stehen.

»Klasse, da feiern wir mit!« Cyber klappte seinen Laptop auf. »Das notier ich gleich in meinem elektronischen Kalender.«

»Und wie kommen wir nun zu Meister Alberti?«, wollte Ramona wissen.

»Also, da gibt es wie immer …«

»… zwei Möglichkeiten«, fiel Timo dem Kaninchen ins Wort, »und welche sind das diesmal?«

Das Kaninchen wackelte mit den Ohren und nahm kurz seine Brille ab:

»Ich werde nicht gern unterbrochen, junger Freund. Die erste Möglichkeit: Wir tragen uns hier an der Pforte in die Warteliste ein und kommen morgen wieder.«

»Sorrel wil riemans ir Oldrurg kommen?«, schimpften die Buchstaben.

»Nun gut, die andere Möglichkeit: Wir stellen uns an und warten.«

»Dann lass uns warten«, meinte Timo, »ich will auch endlich wissen, wie das mit den vertauschten Buchstaben ist.«

»Mir dauert das aber zu lange«, sagte Ramona, »ich flieg schon mal zu den ägyptischen Bildzeichen in die Pyramide. Kommst du mit, Cyber? Die anderen können dann ja nachkommen.«

Cyber klappte bereits seinen Laptop zusammen, Ramona stieg auf ihr Buch und die beiden flogen davon.

»Sag mal, Yurdakul«, fragte Timo, während er das Buch unter seinen Arm klemmte und sie sich in die Warteschlange einreihten, »warum hast du eigentlich immer eine Sonnenbrille auf?«

»Das ist nicht nur eine Sonnenbrille, sondern auch eine scharfe Spezialbrille«, antwortete das Kaninchen. Es nahm die Brille ab und wendete sich Timo zu. »Schau mir einmal in die Augen, was siehst du?«

»Deine Augen sind ganz rosa und hellblau«, wunderte sich Timo.

»Weißt du«, fragte das Kaninchen und setzte die Brille wieder auf, »was ein Albino ist?«

Timo schüttelte den Kopf. »Ein Albino? Nein.«

»Du siehst doch, dass ich schneeweiß bin. Albinos haben keine Hautfarbe und keine Haarfarbe, und sie haben sehr empfindliche und meistens schlechte Augen.«

»Also darum trägst du die Brille. Trägst du sie auch nachts, wenn du schläfst?«

»Dumme Frage, soll ich die Brillengläser im Schlaf kaputtmachen? Die sind teuer!«

»Sind alle weißen Kaninchen Albinos?« Timo war neugierig.

»Nein, es gibt auch normale weiße Kaninchen, aber oft haben sie irgendwo einen schwarzen oder braunen Fleck. Ich bin ganz weiß.«

»Dann bist du also etwas ganz Besonderes: Yurdakul, das Albino-Kaninchen.«

»Das haben meine Eltern auch immer gesagt, wenn ich mich geärgert habe, dass ich eine Brille tragen musste. Ich sehe wirklich nicht gut, aber ich höre umso besser.« Yurdakul stellte seine beiden Ohren steil in die Höhe und ließ sie kreisen.

»Jetzt sehe ich, dass deine Ohren innen ganz rosa sind«, sagte Timo.

»Aha, du fängst an, genau hinzuschauen. Das musst du auch gleich beim Meister Alberti tun.«

… aber du bist doch Mammi!

Timo, Tobi und das Kaninchen waren langsam den Gartenweg entlang vorgerückt und standen an einer Treppe.

»Kommt herauf, ihr seid die Nächsten!« Eine junge Frau in einem schicken Hosenanzug saß auf der großen Veranda gleich neben der Haustür an einem alten Schreibtisch vor einem großen, aufgeschlagenen Buch und winkte sie herbei. »Wie heißt ihr und was wollt ihr? Ich will euch in das Besucherbuch eintragen.«

»Es geht um ihn«, sagte das Kaninchen und zeigte mit dem linken Ohr auf Timo, »er und sein Hund kommen aus der Anderwelt. Ich begleite ihn nur, damit er sich bei uns in Linguania nicht verläuft.«

»Abel es geht um urs, richt immel lun um Timo, del bröde Jurge hat urs gars veltauscht.«

»Aha, alles klar, Kodeprobleme«, sagte die Empfangsdame. »Eigentlich ist heute nur Beratung für das große Fest.«

Timo stand völlig fassungslos da und starrte die Empfangsdame an. »Aber, aber … aber, aber Mammi!«

Nun schaute die Empfangsdame Timo verdutzt und fast erschrocken an. »Wer soll ich sein?«

»Du siehst aus wie meine Mammi, die …« Timos Augen füllten sich mit Tränen.

Die Empfangsdame streichelte Timo über den Kopf. »Nein, mein Junge, ich bin nicht deine Mutter.«

»Aber du siehst doch aus wie …« Timo konnte nicht weitersprechen.

»… wie deine Mutter? Dann bist du Timo, nicht wahr? Und deine Mutter ist vor drei Jahren gestorben. Das war sehr schlimm für dich und deinen Vater.«

»Woher weißt du das?«

»Ach, Timo, ich war auch sehr traurig, als meine Spiegelschwester keine Kraft mehr hatte, gegen ihre Krankheit anzukämpfen. Aber nun bist du wenigstens hier, und ich will sehen, dass ich dir mit deinem Problem helfen kann.«

Timo seufzte. Auch diese Spiegelschwester seiner Mammi meinte sofort, er habe ein Problem.

Das Kaninchen, das zusammen mit Tobi aufmerksam und gespannt zugehört hatte, wirbelte seine Ohren im Kreis und richtete sie dann auf die Haustür.

»Wir, also Timo und wir als seine Freunde, müssen zu Meister Leon Battista Alberti, damit Timo lernt, was ein Kode ist und wie man damit umgeht …«

»Urd wil sird auch eir Plobnem, das mar nöser muss. Wil wonnen erdnich …«

»Das auch«, fuhr Yurdakul fort, »auch die Buchstaben in seinem Buch müssen wieder zurechtgerüttelt werden, denn sonst kann Timo aus dem Buch nie etwas Gescheites lernen.«

»Da kann ich helfen. Ich werde euch bei Meister Alberti anmelden.«

Die Empfangsdame schrieb schnell noch etwas in das große Buch und ging dann durch die große, schwere Tür in das Haus. Die Tür war aus Holz und über und über mit geschnitzten Bildzeichen, Schriftzeichen und Buchstaben verziert. Bald kam die Dame wieder heraus und winkte den dreien.

»Ihr dürft kommen, aber der Hund muss bei mir bleiben. Geht ins Haus und oben durch die große Glastür!«

Tobi schaute an Timo hoch, als ob er fragen wollte, ob er ihn denn allein lassen dürfe.

»Sei ein guter Hund, Tobi, leg dich hier zu der Spiegelfrau und warte«, beruhigte ihn Timo. »Pass gut auf sie auf, sie hilft uns und sie sieht aus wie meine Mammi.«

Tobi winselte kurz, schnupperte an ihr und legte sich dann ganz friedlich neben sie.

»Braver Tobi«, sagte sie und wendete sich ihrem dicken Buch zu, in das sie weitere Notizen eintrug.

Timos Vater schreckte hoch. Er war im Sessel neben Timo eingenickt. Hatte Timo denn nicht eben laut mehrmals »Mammi« gerufen? Doch nun lag der Junge fiebernd, aber ruhig im Bett und Tobi lag friedlich in seiner Ecke. Timo schlief tief und fest. Sein Vater stand auf und schlich lautlos aus dem Zimmer.

Kein Wunder, dass Sibylle dem Jungen manchmal fehlt, dachte er, ihm fehlte sie ja auch.

Bei Meister Leon Battista Alberti

Das Kaninchen hopste voran durch die Tür und eine breite Treppe hinauf, dann standen sie vor der Glastür. Licht strahlte in vielen Farben durch die bunten Gläser, die mit fremdartigen Zeichen bemalt waren.

»Geheimnisvoll sieht das aus«, flüsterte Timo.

»Dahinter ist ja auch die Studierstube des großen Meisters und Kode-Magiers Leon Battista Alberti«, sagte das Kaninchen. »Komm, hilf mir beim Öffnen, die Tür ist schwer.«

Timo musste ganz schön drücken und schieben und Yurdakul half mit Nasendrücken nach, um sie zu öffnen.

War das ein großes Zimmer! Und was da alles drin war. An den Wänden standen hölzerne Regale bis zur Decke, gefüllt mit Büchern; Schränke, Glasvitrinen mit Steinen und Glasgefäße mit Tieren in einer Flüssigkeit. Alles war voller Bilder, Gipsfiguren und Papierrollen – Timo schwirrte der Kopf. Mitten im Zimmer stand ein großer Tisch, auf dem lagen Zirkel, Lineale und Schreibgeräte. Fast der ganze Tisch war bedeckt von einem großen Blatt Papier, auf dem im Hintergrund eine Kirche mit einer großen Kuppel gezeichnet war und davor ein Plan von einem großen Platz. In den Fensternischen des Zimmers waren Bänke. In einer Nische ragte ein Fernrohr in den Himmel und daneben stand ein Globus in einem Drehgestell. In einer anderen Fensternische stand ein großer Mann in einer blauen langen Samtjacke über ein Schreibpult gebeugt und schrieb mit einer großen Gänsefeder.

Noch im Schreiben fragte er freundlich: »Va bene, was für ein Problem führt euch zu mir?«

Timo erschrak. War das nicht die Stimme von Zacharias? Doch als sich Meister Alberti umdrehte, stand da ein freundlich lächelnder Mann. Er hatte ein schmales, bartloses Gesicht, eine lange Nase und schwarzgrau gekräuseltes Haar – also doch nicht Zack-Zack.

»Warum erschrickst du?«, fragte Meister Alberti.

»Die Stimme, ich, ich dachte, mein Le-Lehrer Zacharias …«, stotterte Timo, »aber Sie haben keinen Ba-Ba-Ba-Bart.«

Meister Alberti lachte kurz auf: »So, so, dein Lehrer hat meine Stimme und einen Ba-Ba-Ba-Bart – einen grauen Backenbart, der dann auch noch bis auf die Brust hängt, nicht wahr?«

»Woher wissen Sie das? Kennen Sie ihn?«, fragte Timo überrascht.

»Ich habe meinen Spiegelbruder aus der Anderwelt lange nicht gesehen«, antwortete Meister Alberti. »Du musst mir von ihm erzählen, aber heute nicht, heute ist keine Zeit. Wir müssen das große Fest der Bild- und Schriftzeichen vorbereiten.«

Timo nickte heftig: Heute lieber nicht. Von Zacharias zu erzählen, das war keine gute Idee. Und dass es hier einen Spiegelbruder gab, wunderte ihn schon gar nicht mehr.

»Garz urd gal richt heute«, quengelten die Buchstaben aus Timos Buch los, »jetzt sird wil dlar.«

»Aha, verdrehte Buchstaben.« Meister Alberti nahm das Buch und blätterte. »Aber nur ein ganz einfacher Drehkode. Das haben wir schnell. Das kann mein Schüler erledigen.« Er wandte sich zu einer hölzernen Stellwand, die einen Teil des Raumes abtrennte: »Michele, bitte komm einmal.«

»Ja, Meister.« Und hinter der Wand kam ein Junge hervor, etwa so alt wie Timo, und er erinnerte Timo irgendwie an Cyber. Er hatte eine lederne Kniehose und eine grüne Samtjacke an und eine lustige bunte Mütze über dem pechschwarzen Kräuselhaar.

»Buon giorno, amici«, sagte er freundlich, »andiamo. Komm mit mir zu meinen Kodiertabellen und Chiffriermaschinen, das haben wir schnell.« Gott sei Dank, dachte Timo bei sich, der Michele kann auch Deutsch. Das Kaninchen war schon hinter der Wand verschwunden und er ging hinterher, während Meister Alberti sich zur Tür wandte. »Der Nächste, bitte.«

Timo trat hinter die Holzwand und lachte laut auf. »Was ist das denn?«

Das Kaninchen hockte auf einem Holztisch und vor ihm saß eine kleine weiße Maus. Sie hatte einen rosa Schwanz und klitzekleine rosa Augen.

»Ich weiß schon, eine Albino-Maus.«

Das Kaninchen nickte: »Das ist meine Freundin.«

Michele ergänzte: »Das ist Kodja. Sie hilft mir, die Chiffrierräder zu drehen. Und wenn ich am PC arbeite …«

»… dann hilft sie dir beim Anklicken der Icons, oder?«, fuhr Timo fort.

»Du weißt es doch, warum fragst du dann? Und nun gib mal das Buch, wir wollen deine Buchstaben dekodieren.« Er nahm das Buch und schlug die erste Seite auf:

ANNES ÜBEL BINDZEICHER,
ÜBEL ZIFFELR URD ÜBEL BUCHSTABER

stand da.

»Also was das bedeutet, kann man gut raten«, meinte Timo. »Aber wie bekommen wir das geregelt?«

»Indem wir die Kodierregel suchen.« Michele ging zum Tisch und holte ein Gerät mit allerhand Rädern, die als Scheiben übereinander montiert waren. In der Mitte war eine schön gemalte Hand mit einem ausgestreckten Zeigefinger.

»Meister Albertis Chiffriermaschine«, sagte Michele. »Du siehst hier eine Drehscheibe mit Zahlen, die brauchen wir heute nicht. Dann gibt es zwei Räder mit Buchstaben. Im inneren Rad kannst du die Buchstaben herausnehmen und wieder hineinstecken, siehst du?«

Er zeigte auf das ***N***. »Das ***N*** steht falsch, was muss da stehen?«

»Wahrscheinlich ein ***L***«, meinte Timo, »es muss doch ***ALLES*** heißen. So einfach ist das, das ***N*** und das ***L*** sind vertauscht.«

Michele lächelte: »Wenn du meinst, dann probier's doch mal mit deinem Text. Hier sind Papier und Stift, schreib auf!«

Timo schrieb:

ALLES ÜBEN BILDZEICHER,
ÜBEN ZIFFEN URD ÜBEN BUCHSTABER

»Hm, immer noch Quatsch.«

»Siehst du, ganz so einfach ist es nicht. Hier sind nämlich drei Buchstaben durcheinander geraten.«

»Ja, das ***R*** ist auch falsch, man muss ein ***N*** und das ***R*** noch vertauschen.«

Er schrieb noch einmal:

ALLES ÜBER BILDZEICHEN,
ÜBER ZIFFERN UND ÜBER BUCHSTABEN

»Hurra, wir haben es! Und wozu brauchst du dann so ein Drehrad?«

»Bei drei vertauschten Buchstaben kannst du das durch Probieren schon herausbekommen: ein Dreiertausch zwischen N, L und R. Aber stell dir mal vor, alle 26 Buchstaben werden vertauscht. Dann kriegst du das im Kopf nie geregelt.«

»Warum nur 26 Buchstaben?«, fragte Timo, wir haben doch 29 und noch das *ß*.»

»Ja, im Deutschen schon«, sagte Michele, »aber das internationale lateinische Alphabet hat nur 26 Buchstaben. Deshalb sind auf den Drehrädern immer einige leere Stellen. Da kann man dann für jede Sprache die besonderen Buchstaben hineinstecken, also *Ä*, *Ö* und *Ü* und in anderen Sprachen *Á*, *Å*, *Æ*, *Ç*, *Ø* und so weiter.«

»Gibt es hier nur große Buchstaben, keine kleinen?« Timo hatte sich das Rad genauer angeschaut.

»Man kommt doch mit großen Buchstaben aus.«

»Prima«, meinte Timo, »dann hat man die blöden Regeln mit der Groß- und Kleinschreibung nicht und braucht auch kein *ß*.«

»Schlauer Junge, durchaus lernfähig.« Michele klopfte Timo auf die Schulter. »Die Schweizer kommen auch ohne *ß* aus. So, und nun leg dein Buch in den Kasten da drüben! Wir stellen das Drehrad drüber, stecken *L*, *N* und *R* um, Kodja dreht die Räder ein paar Mal, und dann werden die Buchstaben im Buch wieder richtig stehen.«

»Klappt das, einfach drehen?«, wunderte sich Timo.

»Ein bisschen Magie gehört auch dazu«, grinste Michele.

Das war schnell getan. Die Maus war flink und geschickt beim Drehen, und aus dem Buch tönte es:

N für *R* und *L* für *N*
drehe schnell das Rädchen
R für *L*, mach ganz schnell,
flinkes Mausemädchen.

»Na bitte, die Buchstaben sind zufrieden. Und nun ist Schluss für heute, ich muss für das Fest noch allerhand vorbereiten. Komm bald mal wieder vorbei, ich kann dir hier noch tolle Dinge zeigen.«

Timo bedankte sich, das Mäuschen Kodja und das Kaninchen Yurdakul stupsten ihre Nasen aneinander, und Michele brachte Timo und das Kaninchen zur Tür. Sie gingen die Treppe hinunter und hinaus auf die Veranda. Dort lag Tobi, der sofort aufsprang und sie schwanzwedelnd begrüßte.

»Na«, fragte die Spiegelmutter-Empfangsdame, »hat der Meister helfen können?«

»Der Meister ist sehr nett, viel netter als sein Spiegelbruder Zack-Zack Zacharias.« Timo strahlte. »Und geholfen hat Michele, der ist wie unser Cyber.«

»Und meine kleine Mäusefreundin, sie hat das Rad gedreht!« Yurdakul ließ ihre Ohren kreisen.

»Ja, wir haben wieder unsere gute Ordnung!«, tönte es aus dem Buch unter Timos Arm.

»Na fein«, die Empfangsdame schmunzelte, »alle sind zufrieden. Komm mal wieder, Timo, und bring auch deine Freunde und Freundinnen mit.« Und dabei strich sie Timo noch einmal über den Kopf.

»Los, Ramona suchen, bei den Hiero-Dingsbums!« Die drei machten sich auf den Weg, vorbei an den fremdartig gekleideten Leuten, die bei Meister Alberti Rat holen wollten. Yurdakuls Ohren zeigten den Weg, sie hoppelte voran, Timo marschierte hinterher und Tobi trottete neben ihm her und schnupperte nach rechts und links.

Ayran

Timo, Tobi und Yurdakul gingen eine lange Allee entlang, gesäumt von mächtigen Bäumen rechts und links. Zwischen manchen Bäumen waren quer über die Straße Transparente gespannt, auf denen irgendetwas geschrieben war, aber sie konnten es nicht lesen, denn es waren fremdartige Buchstaben und Schriftzeichen.

»Das sind Vorbereitungen für das große Fest der Schriftzeichen«, erklärte Yurdakul.

»Wer kann denn das alles lesen?«, fragte Timo.

»Meister Alberti kann es und im Buch kann man das studieren.«

»Kann man es auch im Computer finden?«

»Im Internet bestimmt«, war Yurdakul sich sicher, »man muss nur die richtigen Suchwörter eingeben.« Und dabei kreiselte es mit seinen Ohren und zeigte mit ihnen mal hierhin und mal dorthin.

»Wenn man das im Computer finden kann, dann weiß Cyber sicher Bescheid.«

»Und Michele auch. Jedenfalls kann er die Kodezeichen finden, und dann hilft ihm Kodja beim Lesen«, nickte Yurdakul.

»Hallo, Timo, du auch hier?«, tönte es plötzlich von der Seite. Barış winkte an einem Stand hinter einem Tisch. Um ihn herum waren Kartons und Kästen gestapelt.

»Barış, was macht du denn hier?«

»Hier gibt es bald ein großes Fest mit einem Festumzug«, erklärte Barış, »und da bauen Vater und ich einen Stand auf.« Er hielt ein Schild hoch:

»Die Leute haben Hunger und Durst, da kann man gut verdienen«, fuhr Barış fort, »Vater kommt gleich und bringt noch mehr.«

»Fehlt bei eurem Namen nicht ein Punkt über dem i?«, fragte Timo.

»Nein, nein, das ı ist ein türkischer Buchstabe, man spricht ihn wie ein Mittelding zwischen i und e aus«, erklärte Barış, »bei meinem Vornamen ist das genauso.«

»Barış, hat das eigentlich irgendeine Bedeutung?«, wollte Timo wissen.

»Ja, das heißt Friede.«

»Ach so, du heißt also eigentlich Frieder.« Timo klopfte Barış auf die Schulter.

»Nee, euer Frieder heißt eigentlich Barış«, grinste Barış. »Vorsicht, da kommt mein Vater, geht mal auf die Seite!«

In der Tat hielt in diesem Augenblick ein Lieferwagen, Vater Çakır stieg aus, kletterte auf die Ladefläche und begann, noch mehr Kartons und Kisten an den Rand zu tragen und zu schieben.

»Fasst mal an, ihr beiden!«, forderte er Barış und Timo auf und rollte ein kleines Fässchen herbei. Timo legte sein Buch auf einen Karton und die Jungen hoben das Fässchen herunter; es war ganz schön schwer, auch wenn es nicht sehr groß war.

»Ist da Wein drin?«, wollte Timo wissen

»Nein, Ayran.«

»Ayran, was ist das denn?«

»Geschlagenes Joghurt mit Wasser und Salz versetzt. Schneeweiß. Löscht prima den Durst, muss aber immer gedreht werden, damit er nicht klumpt. Darum wird er in ein Fässchen abgefüllt«, erklärte Barış. »Komm, wir bauen das Drehgestell auf, und dann dürft ihr kosten, ihr habt doch sicher Durst.« Er nahm ein Gestell vom Wagen herunter und baute es mit Timo auf.

Das Kaninchen schaute interessiert zu und dirigierte mit den Ohren, welches Teil wohin gehörte. Tobi schnupperte am nächsten Baum herum und Vater Çakır lud Kartons und Kästen ab. Die beiden Jungen hoben das Fässchen in das Gestell und Barış drehte an einer Kurbel.

»So, und nun dürft ihr kosten, aber woher nehmen wir ein Glas? Die Gläser sind noch verpackt in einem der Kartons.«

»Kein Problem«, sagte Timo. »Wir holen uns die Gläser aus meinem Buch.«

»Ja, von Seite 56 und eine Schüssel für Tobi von Seite 57«, tönte es aus dem Buch, »aber nicht auf das Fässchen legen, dann drehen wir wieder durch.«

»Wer ist das denn?« Barış wich erschrocken zurück.

»Das sind die Buchstaben im Buch, es heißt doch *Buch*, also gibt es darin *Buchstaben*«, grinste Timo, während er das Buch vom Karton nahm und darin blätterte.

»Müßiggang ist aller Laster Anfang, und was Hänschen nicht lernt, lernt Hans nimmermehr.« Eine wohlbekannte Stimme dröhnte die Allee hinunter.

»Zack-Zack, o Schreck! Nichts wie weg!«

Timo schlug das Buch zu und sauste los, das Kaninchen schaute zwar verdutzt drein, hoppelte aber hinterher, und Tobi sprang auf und jaulte.

»So, so, Fieber hat der junge Mann, hat sich in der Froschkuhle beim Schneeballieren erkältet.«

Timo schlug die Augen auf, und da stand wirklich Herr Zacharias mit seinem Vater neben dem Bett. »Und dabei sagen doch die Kinder sehr richtig in schlechtem Deutsch immer: Das Schneeballieren mit den Pfoten hat der Lehrer streng verboten.«

»Die Kinder haben wohl eher einen Schneemann gebaut«, erklärte Timos Vater. »Aber Timo hat Fieber und konnte nicht zur Schule kommen. Dass Sie sich darum kümmern, Herr Zacharias, ist sehr nett.«

»Klassenlehrerpflichten sind Klassenlehrerpflichten«, sagte Zacharias. »Wenn du wieder gesund bist, nehme ich dich erst einmal in meinem Wagen mit zur Schule, damit du nicht durch die kalte Luft laufen musst, Timo. Und wenn es dir etwas besser geht, kannst du ja im Buch nachlesen, was wir gerade durchnehmen.« Herr Zacharias wandte sich zur Tür.

»Ich gehe nur mit Tobi vor die Tür und bringe dir dann etwas zu trinken«, sagte Timos Vater.

»Hast du Ayran?«, fragte Timo.

»Türkischen Ayran, wie kommst du denn darauf?« Timos Vater war verwundert. »Das wär wirklich ein gutes Getränk für dich.«

»Ruf Barış an«, schlug Timo vor, »sein Vater hat sicher Ayran in seinem Laden und Barış bringt ihn mir vorbei.«

Spiegelwelt und Traumwelt sind verkehrte Welten

Timos Vater hatte Barış angerufen und der kam tatsächlich mit Ayran. Der Becher sah aus wie ein Joghurtbecher.

»Nicht aus einem Drehfässchen?«, fragte Timo.

Barış wunderte sich, woher Timo etwas über Ayran in Drehfässchen wusste, und Timo erzählte von seinem Traum.

»Prima Traum«, sagte Barış, »der sollte wahr werden, dann würden wir solch einen Stand bauen und Euros scheffeln. Aber in unserem Laden können wir so ein Fässchen nicht aufbauen, da gibt es Ayran aus dem Becher.«

Barış verabschiedete sich und Timo ging zur Toilette. Dort guckte er lange in den Spiegel.

»Bin ich das, oder ist das mein Spiegelbruder, der Traumtänzer?« Er nahm seine Zahnbürste in die rechte Hand und das Spiegelbild hielt sie in der linken. Nun nahm er den Zahnbecher in die linke Hand und das Spiegelbild hatte ihn in der rechten. »Verkehrte Welt«, murmelte Timo. »Spiegelwelt und Traumwelt sind verkehrte Welten, aber es gibt sie.« Und er trollte sich zurück ins Bett. Dort kuschelte er sich zurecht und blinzelte Tobi in seiner Ecke zu. »Jetzt wollen wir richtig lernen.«

Tobi wedelte kurz mit dem Schwanz. Timo nahm das Buch von Herrn Zacharias und fing an zu lesen. Es dauerte nicht lange und ihm fielen die Augen zu.

Hieroglyphen, Kartuschen und Sarkophage

»Siehst du die Pyramide da vorn?« Yurdakul zeigte mit beiden Ohren ans Ende der Allee. »Das ist die Pyramide der Hieroglyphen.«

»Da wollten Cyber und Ramona hin«, sagte Timo und fing an zu laufen. Schräg neigten sich die Wände der Pyramide nach oben, schräg liefen auch die Seiten nach oben zu einer Spitze zusammen.

»Ulkige Form«, meine Timo.

»Schon, aber das Haus zeigt in den Himmel zur Sonne und zu den Sternen«, erklärte Yurdakul und ließ die Ohrenspitzen zusammenklappen und in den Himmel zeigen.

»Komm, wir wollen rein«, drängte Timo.

»Hier ist die Treppe zu einem langen, dunklen Gang.« Yurdakul setzte die Sonnenbrille ab und hoppelte voran.

Timo wies Tobi an: »Bleib hier und halte Wache, da drin kann es gefährlich werden, so dunkel, wie das aussieht.«

»Kaninchen kennen sich in solchen Gängen aus, unsere Bauten sehen auch so aus.« Yurdakul hatte offenbar keinerlei Angst. »Los, komm schon, Tobi kann ja hier bleiben.«

Die beiden gingen ins Dunkel, kamen um eine Ecke und sahen einen Lichtschimmer oben an einer Treppe. Sie stiegen hinauf und sahen Ramona vor einer Rolle sitzen, ähnlich einer Papierrolle. Neben ihr saß ein Mann mit gekreuzten Beinen. Ihm gegenüber saß Cyber im Schneidersitz. Die drei wurden von einem Sonnenstrahl beleuchtet, der von irgendwoher kam. Der Mann hatte ein langes helles Gewand an, fast wie ein Nachthemd, und lange, schwarze, zur Seite gebundene Haare. Auf seinem Schoß lag eine Platte. Darauf lag eine Papierrolle und der Mann beschrieb sie mit einem Pinsel.

»Da kommt ihr Bummelanten ja«, begrüßte sie Ramona.

»Wird aber auch Zeit«, meinte Cyber. »Hier ist es spannend.«

»Und wie! Der Schreibgelehrte Imhetop erklärt uns alles über die heiligen Zeichen.« Ramona hielt ihre Rolle hoch.

»Was für heilige Zeichen?«, fragte Timo.

»Na die hier, diese Bilderzeichen, die gar nicht nur Bilderzeichen sind.« Ramona zeigte mit einem Pinsel auf eine Eule, die sie auf die Rolle gemalt hatte.

»Eine Eule, die keine Eule ist, was soll das?« Timo schüttelte den Kopf.

»Das sind eben Hieroglyphen: *Hiero* bedeutet heilig und *glyphe* bedeutet Schriftzeichen.« Cyber konnte wieder einmal sein Wissen ausbreiten. »Seht euch mal um, der ganze Raum ist voll davon.«

»Wie soll man das im Dunkeln sehen?«, fragte Timo, »da bin ich so blind wie ein Albino.«

Yurdakul fand diese Bemerkung gar nicht lustig, aber ehe es schimpfen konnte, erhob sich Imhetop, der Schreiber, und verbeugte sich würdevoll.

»Willkommen im Reich der Hieroglyphen«, sagte er. »Alle Schüler und Schülerinnen sind willkommen, wenn sie die Kunst des

Schreibens erlernen wollen. Bei uns im Lande der Pharaonen steht die Schreibkunst in hohem Ansehen.«

Timo verbeugte sich linkisch; der Schreiber machte großen Eindruck auf ihn.

Yurdakul beugte zur Begrüßung beide Ohren tief nach unten. »Wir sind sehr geehrt, großer Schriftgelehrter Imhetop, dass Sie uns empfangen. Können Sie meinem jungen Freund Timo aus der Anderwelt bitte die Hieroglyphen erklären?«

»Schreibgelehrter und Baumeister von Pyramiden, das bin ich«, erklärte Imhetop würdevoll und stolz.

Dann wendete er sich Timo zu: »Wenn du so aufmerksam und gelehrig bist wie deine Freunde Ramona und Cyber, dann wirst du die Hieroglyphen bald verstehen.«

Timo zuckte leicht zusammen – gut, dass man das im Dunkeln nicht sah. So gelehrig wie Ramona und erst wie Cyber, dieser Streber, wie sollte das gehen?

»Ich will es versuchen, Meister Imhetop«, murmelte er.

»Dann schau dir einmal Ramonas Papyrusrolle an«, forderte ihn Imhetop auf.

»Papyrus?«, Timo war neugierig geworden, »das klingt wie Papier.«

»Bei euch sind die Schreibwaren aus etwas anderem Stoff, aber sie heißen zu recht nach unserem Papyrusschilf, das wir am Nil anbauen, trocknen, zu Rollen pressen und als Schreibunterlage benutzen, denn von uns habt ihr diese Kunst über Jahrtausende hinweg gelernt. Nun, was siehst du?«

»Ich sehe Bilder von Tieren und Pflanzen, und ich sehe so eine Art Kreuz, nur oben mit einem Henkel dran«, sagte Timo, »aber was sie bedeuten, weiß ich nicht.«

»Nun«, sagte Imhetop, »das Henkelkreuz ist so etwas wie ein

Satzzeichen. Man kann das alles nach und nach lernen. Man kann lernen, dass die meisten Bilder für Laute stehen wie eure Buchstaben, manchmal aber auch noch als Bilder eine Bedeutung haben. Hier, dieser Vogel bedeutet ein ***W***, weil er in unserer Sprache ***wr*** heißt.«

»Also gilt das Bild als Zeichen für den ersten Laut des Wortes. Bei uns wäre das ein ***V***«, sagte Cyber.

»Ja, oder ein ***F***«, ergänzte Imhetop.

»Und meine Eule ein ***M***, weil sie ***mit*** heißt.«

»Die passt auch in meinen Namen«, freute sich Timo.

»Wir werden deinen Namen nachher schreiben. Doch zuerst will ich sehen, ob du gut beobachten kannst. Schau dich einmal um!« Imhetop nahm einen Spiegel, fing das Sonnenlicht ein und leuchtete damit in der Kammer umher. Prachtvoll sah das aus, alle Wände waren mit Zeichen bemalt, viele mit Buchstabenbildern: ein Geier, eine Schlange, eine sitzende Frau, ein sitzender Mann mit einem Bart, ein Auge, ein geknotetes Seil. Andere waren nur Linien und Figuren, bei denen man nichts erkennen konnte.

»Manchmal«, sagte Timo, »sind um einige Hieroglyphen Linien gezogen, wie lang gestreckte Würste.«

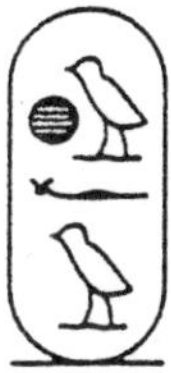

»Diese Rahmen sind Kartuschen, Namenskartuschen. So rahmen wir die Namen der wichtigen Personen ein, über die wir etwas schreiben. Sieh her, dies ist die Kartusche des großen Pharaos Chufu, den ihr Cheops nennt, dem wir die größte Pyramide gebaut haben.«

Timo schaute sich die Namenskartusche genau an.

»Dann kann man ja auch meinen Namen und den von Ramona in solch eine Kartusche schreiben.«

»Wenn Mann die Hieroglyphenzeichen kennt, so wie Frau sie kennt.«

»Welche Frau?«

»Na, eine gewisse Ramona.«

Timo staunte nicht schlecht. »Du kennst schon alle Hieroglyphen?«

»Nein, aber wir wissen, dass man nur Konsonanten schreibt und keine Vokale.« Was wusste Cyber nicht schon immer!

»Nur Mitlaute und keine Selbstlaute, wie soll man dann wissen, wie es klingt?«

»So ganz genau weiß ich das auch nicht«, gab Ramona zu. »Aber so haben die alten Ägypter eben geschrieben.«

»Nicht nur die«, erklärte Imhetop, »auch die Sumerer und Phönizier, von denen ihr euer Alphabet habt, und von denen auch das Volk Israel seine hebräische Schrift hat und die Araber ihre arabische, und die schreiben auch nur Konsonanten.«

»Dann heiße ich nur TM.«

»Nein du heißt Timo, aber wenn wir dir eine Kartusche schreiben, dann suchen wir nur die Hieroglyphen für T und M.«

»Also die Eule ist dabei!« Timo war stolz, dass er der ganzen Sache noch folgen konnte.

»Ja, wie bei mir.« Ramona zeigte noch einmal auf die Eulenhieroglyphe auf ihrer Papyrusrolle.

Imhetop hatte inzwischen den Spiegel beiseite gelegt und das Sonnenlicht beleuchtete wieder Ramonas Papyrus.

»Hier sind die Hieroglyphen aufgeführt wie ein Alphabet. Komm, wir suchen unsere Namenskartuschen zusammen.«

»Das ist wie bei der Anlauttabelle, mit der wir schreiben gelernt haben«, meinte Timo. Die beiden mussten nicht lange suchen:

R war ein Mund, nur die Lippen waren zu sehen, M war die Eule und N eine Schlangenlinie, die Wasser bedeutete. Cyber hatte den Mund auch schon auf seine Rolle gemalt.

T war ein Brotlaib, der wie ein Halbkreis aussah, und die Eule kannten sie ja schon.

Aber die Bildzeichen abzumalen, die gar keine waren, sondern Anlautzeichen für Wörter, das war schon schwieriger.

»Ich hab ja gesagt, dass das Schreiben eine hohe Kunst bei uns ist«, schmunzelte Imhetop, »aber ich will euch für den Anfang eure Kartuschen schreiben.«

Er setzte sich, kreuzte die Beine, zog seinen Lederschurz straff und legte ein Stück Papyrus darauf. Dann nahm er ein kleines Kästchen, holte ein Schilfrohr heraus, tauchte es in so etwas wie dunkle Tinte und zeichnete einen einfachen, leicht geöffneten Mund für Ramonas R.

»Wenn du denkst, es geht nicht mehr, kommt von irgendwo ein Lichtlein her. Und ich sehe Licht am Ende dieses Tunnels!«, dröhnte es aus dem dunklen Gang.

»Zack-Zack, o Schreck, nichts wie weg!« Timo, Cyber und Ramona schossen wie der Blitz hoch und sausten in den nächsten Gang hinein.

»Was soll das?«, fragte Imhetop.

»Ach«, Yurdakul lachte ein richtiges Kaninchenlachen, dass seine Schneidezähne im Sonnenstrahl nur so blitzten, »das ist nur Deutschlehrer Zacharias, und vor dem haben die drei mehr Angst als ein Kaninchen vor einem Hund, dem wir allemal mit Hakenschlagen davonlaufen. Und vor Tobi habe ich nicht nur keine Angst, sondern ich hol ihn, damit er uns hilft, die beiden in diesem Pyramidenkaninchenbau wiederzufinden.«

Timo, Cyber und Ramona stolperten derweil um die nächste Gangecke und fanden sich in einem großen Raum wieder, in dem ringsumher große, bunt bemalte Holzkästen standen.

»Was sind das wohl für Kästen? Die sehen fast wie Särge aus, nur rundlich.« Timo wurde es etwas ungemütlich.

»Huch, sind da etwa Leichen drin?« Ramona war unheimlich.

»Nö, noch nicht.« Cyber zeigte auf die Kästen. »Die Deckel sind offen und sie sind leer.«

»Wo sind die Kinder nur hingelaufen, diese Blagen? Klassenlehrerpflichten sind Klassenlehrerpflichten, ich kann sie doch nicht hier einfach in der Pyramide lassen, da können sie sich verlaufen.«

Zack-Zack gab keine Ruhe. Sie hörten, wie er mit seinem Regenschirm gegen die Wände des Ganges schlug und näher kam.

»Los, rein in so einen Kasten und Deckel zu.« Timo kletterte schon über den Rand.

»Ja, und wenn Yurdakul uns dann nicht findet?«, flüsterte Ramona vorsichtig.

»Wir schreiben eine Geheimnachricht, ich habe ein Heft dabei, ich reiß einen Zettel raus.« Cyber hatte wieder das letzte Wort, musste Timo neidlos anerkennen.

»Gute Idee!« Ramona war schon drin im Sarkophag und Cyber schrieb noch schnell:

TM, CBR ND RMN SND N DN KSTN VRSTCKT.

»Wer lange sucht, der wird auch finden.« Die Stimme von Zacharias und seine Klopfzeichen kamen näher. Aber – schwupps – hatten die drei den Deckel zugeklappt und waren verschwunden. In ihrem altägyptischen Sarkophag hörten sie Zacharias nur wie von ganz weit entfernt.

Lassen wir den Jungen schlafen

»Besser, wir klopfen nicht an, Doktor.« Timos Vater öffnete vorsichtig die Tür. Timo schlief fest und atmete ganz ruhig. In den Armen hielt er das Buch. Der Arzt legte Timo kurz die Hand auf die Stirn, aber Timo drehte sich nur um, ohne aufzuwachen. Das Buch hielt er dabei ganz fest an sich gedrückt.

»Wirklich Fieber hat er kaum noch, vielleicht ein wenig erhöhte Temperatur. Lassen wir den Jungen schlafen. Ich denke, morgen ist er fieberfrei, er sollte aber noch im Bett bleiben oder höchstens hier zu Hause herumlaufen. Übermorgen kann er wieder zur Schule gehen. Nur Schneemänner bauen darf er erst einmal nicht«, meinte der Arzt.

Der Vater war erleichtert. »Alles halb so schlimm, und vielleicht liest er ja in dem Buch weiter. Vielen Dank, dass Sie vorbeigekommen sind.«

Die beiden wandten sich zur Tür. »Tobi, komm, wir gehen Gassi, und dann darfst du Timos Heilschlaf weiter bewachen.«

Als Vater mit Tobi zurückkam, schlief Timo immer noch tief und fest.

»Geh in Timos Zimmer«, forderte der Vater Tobi auf.

Tobi kratzte kurz an der Tür zu Timos Zimmer, stupste sie mit seiner Nase auf, schnupperte ein wenig an Timos Bett und legte sich davor auf den Teppich.

Auf zum großen Festzug!

»Dunkel ist es hier in diesem Kasten«, flüsterte Ramona.

»Und man hört auch gar nichts mehr.« Auch Timo fand es unheimlich.

»Kriegen wir den Deckel eigentlich wieder auf?« Ramona drückte nach oben, aber nichts bewegte sich.

»Die werden uns doch wohl finden, wir haben doch die Nachricht hinterlassen«, beruhigte sie Cyber.

»Aber in Geheimschrift«, erinnerte Timo etwas ängstlich.

»Na ja, der große Schreibmeister wird das doch lesen können.«

»Psst, hört mal!« Am Sarkophag kratzte etwas.

»Also hier haben sich die drei versteckt«, hörten sie die Stimme des Kaninchens.

»Wuff, wuff!« Das war Tobi.

»Ja, und hier haben sie eine Nachricht hinterlassen, in Konsonantenschrift.« Das war die Stimme von Imhetop.

»Hier sind wir, holt uns raus!«, rief Ramona, so laut sie konnte.

Imhetop öffnete den Deckel und schaute in den Sarkophag.

»So etwas Dummes, sich lebendig in einen Sarg zu legen! Raus mit euch, zack-zack!« Die drei erschraken zwar, als Imhetop das Kommando von Zacharias benutzte, aber sie waren sehr erleichtert, dass sie aus dem Sarkophag herausklettern konnten.

»Bedankt euch bei Tobi«, sagte Yurdakul, »seine gute Nase hat uns durch die dunklen Gänge zu euch geführt.«

Timo hatte Tobi längst umarmt und der Hund wedelte freudig mit dem Schwanz und schnupperte an Ramona herum. Selbst Cyber klopfte ihm auf den Rücken.

»Wolltet ihr lieber lebendig begraben sein, als Zacharias ›Guten Tag‹ zu sagen?«, wollte Yurdakul wissen und ließ beide Ohren schlapp nach unten hängen.

»Na ja, mit dem Zack-Zack …«, Ramona schielte zu Imhetop hinüber, der aber nur milde lächelte, »mit dem ist nicht gut Kirschen essen.«

»Barış' Kirschen würden jetzt gut schmecken, ich habe Hunger und Durst, hier ist es doch mächtig staubig«, meldete sich Timo zu Wort.

»Wo ist eigentlich Zack-Zack abgeblieben?« Cyber dachte wieder einmal praktisch.

»Euer Lehrer Zacharias hat mich mit Tobi kommen sehen«, erklärte Yurdakul, »und er hat gemeint, der Hund würde euch sicher finden, dann brauche er nicht seine Zeit zu verschwenden und hinter euch herzutapsen in dunklen Gängen. Er hat noch ein Gespräch mit Imhetop geführt und ihn gebeten, bei der Suche zu helfen. Auch wenn ihr nur Dummheiten im Kopf hättet, sollte man euch doch hier nicht zu Mumien werden lassen. Und dann hat er sich auf den Weg zu Meister Leon Battista Alberti gemacht. Er müsse seinen Spiegelbruder doch einmal wiedersehen, und außerdem solle es ja einen großen Festzug geben, den wolle er sich nicht entgehen lassen.«

»Den Festzug will ich auch sehen.« Ramona war da ganz entschlossen.

»Das wollen wir alle«, sagte Cyber.

»Und deshalb werden wir auch sofort aufbrechen.« Imhetop wies den Weg durch den dunklen Gang, Tobi mit der Nase am Boden voran.

Im großen Hieroglyphensaal bekamen die beiden von Imhetop noch schön gemalte Namenskartuschen. »Damit könnt ihr anfangen, unsere Schrift zu lernen. Die Bilder müssen immer genau gleich gemalt werden. Das geht auch auf Papier. Und nun los: Auf zum großen Festzug!«

7000 Jahre Schrift und Schriftzeichen

Von der Pyramide führte die Allee zum großen Festspielhaus, wo es am Abend eine Festvorstellung geben sollte. Viele Menschen aller Hautfarben in ihren verschiedenen Kleidern und mit verschiedenen Frisuren, von Spiegelglatzen bis zu langen Zöpfen, versammelten sich bereits am Straßenrand. Çakır und Sohn machten gute Geschäfte, Timo, Cyber und Ramona winkten Barış zu, der eifrig Ayran ausschenkte, aber Imhetop drängte weiter.

»Kommt, ich nehme euch mit auf die Tribüne zu Meister Alberti, da seht ihr mehr, und der Meister kann euch viel über die lange Geschichte der Schriften erklären.«

»Und wenn Zack-Zack auch da ist?« Timo war etwas zögerlich.

»Nun hör aber auf«, wurde Yurdakul energisch. »In der Schule reißt er euch den Kopf ja auch nicht ab.«

Auf dem großen Platz vor dem Festspielhaus war eine Tribüne aufgebaut, genauer waren es drei Tribünen. Ringsum wehten Fahnen mit Schriftzeichen und Bildsymbolen, die im Wind flatterten. Die Mitteltribüne war mit Holzbänken ausgestattet, die beiden Seitentribünen hatten Stehplätze. Viele Plätze waren nicht mehr frei, aber unten an der Mitteltribüne stand Meister Albertis Empfangsdame und winkte die Gruppe heran.

»Meister Alberti wartet schon auf euch, nur Tobi muss hier unten bei mir bleiben.«

Tobi legte sich friedlich neben sie, während die anderen die Treppenstufen hinaufkletterten, Imhetop voran und Yurdakul – hopp, hopp – hinterdrein. In der obersten Reihe erwartete sie Meister Alberti. Hinten in der Reihe saß bereits Herr Zacharias. Dass Imhetop sich neben Zack-Zack setzte, war Timo und Ramona ganz recht.

»So, ihr setzt euch zu mir, und wenn ihr Fragen habt, dann nur zu. Komm, Michele, wir nehmen unsere Gäste zwischen uns!«, sagte Meister Alberti.

Michele setzte sich an den Rand der Gruppe mit Kodja auf der linken Schulter. Cyber setzte sich neben ihn.

»Hi, ich bin Michael, aber man nennt mich Cyber.«

»Buon giorno!« Michele nickte ihm zu. »Dann wollen wir mal sehen, ob die auch die Icons der modernen Zeit in ihrem Festzug haben.«

Ramona holte ein Tuch hervor und putze sich ihre Brille. Yurdakul reichte ihr ebenfalls die Brille zum Putzen. Von diesem Umzug wollte niemand etwas verpassen.

Fanfaren erklangen, eine Gruppe von Reitern mit langen Fanfarentrompeten kam hinter dem Festspielhaus hervor.

»Es geht los!«

Hinter den Fanfarenbläsern kamen in Fellen gekleidete Gestalten. Sie trugen Schalen und kleine Menschenfiguren mit eingeritzten Zeichen. Die Zeichen sahen zwar nicht wie Buchstaben aus, waren aber auch aus Linien zusammengesetzt, die sich kreuzten und parallel liefen und dabei auch Dreiecke und Vierecke bildeten.

»Was sind denn das für Leute?«, wollte Ramona wissen.

»Das sind die Vinča-Leute vom Balkan, wo heute Serbien ist. Sie tragen Kultgeräte mit den ältesten Schriftzeichen, die wir kennen, etwa 7000 Jahre alt«, erklärte Meister Alberti.

»Was sind Kultgeräte, ich kenne nur meinen Kulturbeutel«, fragte Timo.

Alberti lächelte. »Dein Kulturbeutel sorgt für Alltagskultur und Sauberkeit, Timo. Kultgeräte werden von Priestern beim Gottesdienst verwendet.«

»Wie der Kelch beim Abendmahl in der Kirche?«

»Ja, Ramona, so ähnlich.«

»Und was bedeuten die Zeichen?«, fragte Cyber neugierig.

»Man weiß es nicht. Aber wenn wir das große Fest der Schrift feiern, dann müssen wir auch solche Zeichen zeigen, die wir heute nicht mehr verstehen.«

»Wie ein Geheimkode«, nickte Cyber.

»Genau, nur hat niemand den Schlüssel, den Kode zu knacken«, ergänzte Alberti.

»Nicht einmal Sie, der große Kodiermeister?«, staunte Timo.

»Nein«, sagte Michele und streichelte Kodja, »entschlüsseln kann man nur, wenn man einen Schlüssel hat.«

Indessen kam eine Gruppe von Männern mit rotbrauner Haut. Sie trugen Ponchos, Umhänge mit kräftigen Farben. Voran gingen einige und bliesen auf Flöten, eine ganze Reihe von Holzflöten war zu einem Instrument zusammengebunden, die Männer hielten sie mit beiden Händen und zogen sie an den Lippen vorbei. Ta tam ta ta tam ta taaa …

»Wer ist das?«, wollten Timo und Ramona wissen.

»Das sind Indianer.«

»Indianer? Sie reiten ja gar nicht auf Pferden und haben keinen Federschmuck«, wunderte sich Timo.

»Es sind Indianer aus Süd- und Mittelamerika, Inkas, Mayas und Azteken, keine aus Nordamerika. Und Pferde gab es in Amerika früher nicht, die haben erst die Europäer nach Amerika mitgebracht.«

»Was machen die denn da für Knoten in die Schnüre?« Cyber zeigte auf einige Männer, die Knoten in lange, bunte Schnüre knüpften.

»Die Inkas hatten eine ganz einfache Art, Zahlen zu notieren, zu zählen und zu rechnen«, erklärte Meister Alberti. Sie nahmen eine lange Schnur und knüpften Knoten, jeweils einen Knoten für eine Zahl. Wenn sie sich die Zahl 3625 merken wollten, dann knüpften sie drei Knoten, ließen ein längeres Stück ohne Knoten, dann …»

»Aha, und dann sechs Knoten – Pause – zwei Knoten – Pause – und zuletzt 5 Knoten.« Cyber hatte es wieder einmal als Erster kapiert.

»He, du gefällst mir.« Michele klopfte ihm auf die Schulter. »Mit dir kann man sicher gute Kodes austüfteln.«

»Und mit den Knotenschnüren konnten dann die Boten von Ort zu Ort gehen, so als Knotenpost?«, wollte Timo wissen.

»Genau.«

Doch schon waren die Indianer vorbeigezogen und eine weitere Gruppe erschien: Männer in hellen Lendenschurzen mit schwarzen, bis auf die Schulter herabfallenden Haaren trugen ein Schiff. Und auf dem Schiff saß ein Schreiber, der aussah wie Imhetop.

»Die Ägypter mit ihren Hierolyphen«, rief Timo. »Sieh mal, Ramona, sie tragen Kartuschen mit unseren Namen!«

Timo war aufgesprungen und zeigte auf zwei Männer, die wirklich große Tafeln trugen mit Kartuschen, wie Imhetop sie für Timo und Ramona gemalt hatte. Die beiden schauten zu ihm hin und Imhetop nickte ihnen zu und schmunzelte.

»Na, da ist mir wohl eine kleine Überraschung gelungen?«, fragte er.

»Eine große, eine riesengroße! Was für ein toller Festzug!« Timo war restlos begeistert.

Und weiter ging es. »Passt auf, jetzt beginnt die Vorgeschichte unseres Alphabets«, sagte Meister Alberti, während er Timo sanft wieder auf seinen Sitzplatz drückte.

»Erst kommen die Sumerer aus dem Land zwischen Euphrat und Tigris; damals nannte man das Reich auch Babylon nach einer großen Stadt.«

»Ist das heute der Irak?«, wollte Cyber wissen.

»Ja, zum Teil der Irak, zum Teil Syrien und Kuweit«, erklärte Michele.

Die Sumerer kamen auf von Pferden gezogenen Wagen, die Räder waren flache Scheiben mit Löchern in der Mitte für die Wagenachsen. Im ersten Wagen spielte ein Mann auf einem Instrument, das aussah wie eine alte Harfe.

»Eine große, sumerische Leier«, erklärte Alberti.

Dann folgte ein Wagen, auf dem Männer in weißen, schulterfreien Gewändern saßen, die weiche Tonscheiben in der Hand hielten, in die sie mit Griffeln Zeichen drückten.

»Sie schreiben die sumerische Keilschrift, eine der Vorläuferschriften unseres Alphabets.« Alberti war wirklich der Meister der Schriften.

»Wann war das?« Ramona wollte wirklich alles wissen.

»Das war vor etwa 4000 Jahren.«

»Vor 4000 Jahren. Da müsste ich ja mehr als 60-mal Urururururur… sagen, um die Uroma von damals zu nennen.« Barış schien das Spaß zu machen.

»Und was haben sie geschrieben?«, fragte Timo.

Geduldig erklärte Meister Alberti: »Du wirst es nicht glauben, sie schrieben Rechnungen und Geschäftsbriefe.«

»Keine Gedichte und Lieder?« Ramona sah etwas enttäuscht aus.

»Doch, die haben sie auch aufgeschrieben, aber das meiste waren wirklich Geschäftsbriefe, Abrechnungen und Verträge. Davon hat man Tausende von Tonscherben gefunden. Babylon war eine wichtige Handelsstadt damals.«

»Ist das die mit dem berühmten Turmbau zu Babel?« Die drei fragten Meister Alberti Löcher in den Bauch.

»Ja, aber das ist eine Geschichte aus späterer Zeit. Doch jetzt wird es ernst mit dem Alphabet, die Phönizier kommen.«

Die Sumerer waren vorbeigezogen, und es folgte eine Gruppe von groß gewachsenen Männern mit schwarzen Haaren, die bis auf die Schultern herabfielen; einige hatten weiße Bänder um die Stirn gebunden. Die Gesichter waren von schwarzen Bärten eingerahmt, die am Kinn spitz zuliefen. Sie hatten lange, rote Gewänder mit Karo- und Streifenmuster und einen kurzen Schulterumhang, unter dem langärmelige weiße Unterhemden hervorschauten.

»Die sind wärmer angezogen als die Sumerer«, meinte Timo.

»Richtig, die Phönizier waren Seeleute, die im gesamten Mittelmeerraum Handel trieben. Ihre Häfen waren dort, wo heute Syrien, der Libanon, Israel und der palästinensische Gaza-Streifen sind. Ein wichtiger Hafen hieß Byblos. Kennt ihr das Wort?«

»Nee, noch nie gehört.«

»Sprecht es mal mit einem *i* aus!«

»Biblos?«

»Na, wonach klingt das?«

»Klingt fast wie Bibel.«

»Und wie Bibliothek.« Jetzt hatten alle den Dreh raus.

»So ist es. Aus dieser Stadt wurde der Papyros weiterbefördert, das man in Ägypten gegen Zedernholz eingetauscht hatte, und die Griechen haben danach das Wort für *Buch* gebildet.«

»Bibel bedeutet also eigentlich ›Buch‹?«

»Ja, das Buch der Bücher.«

»Und alle anderen stehen in der Bibliothek.« Cyber musste wieder einmal das letzte Wort haben.

»Meister Alberti, das ist jetzt vielleicht eine dumme Frage, aber ich will es wissen«, Timo war mutig geworden, der Meister erklärte schließlich alles geduldig.

»Nur zu! Es gibt keine dummen Fragen, sondern nur die Dummheit, nicht zu fragen.«

»Wenn man so an Wörtern ein wenig drehen kann, dann kann man aus Bibel doch auch Fibel machen, das Buch, mit dem man lesen und schreiben lernt.«

»Da hat er Recht«, schaltete sich jetzt Herr Zacharias ein, irgendwann vor etwa 500 Jahren hat einmal jemand beim

Abschreiben nicht aufgepasst und aus einem Bibelisten, wie man damals die Schüler nannte, weil sie aus Kinderbibeln lesen und schreiben lernten, einen Fibelisten gemacht und aus dem Büchlein die Fibel. Dabei ist es dann geblieben. Manchmal machen auch Fehler Geschichte.«

»Warum tragen die alle rote Gewänder?« Ramona sah so etwas natürlich.

»Das ist auch so eine lustige Geschichte«, schmunzelte Meister Alberti. »Der Name *Phönizier* kommt aus dem Griechischen und bedeutet ›Purpurhändler‹. Die Mittelmeerfischer hatten damals entdeckt, dass man aus kleinen Meeresschnecken, die Purpurschnecken hießen, einen roten Farbstoff gewinnen konnte, der sich gut zum Färben eignete. Den verkauften die Phönizier.«

»Die Phönizier«, jetzt war Cyber wieder dran, »die mussten also auch viel Geschäftspost schreiben, E-Mails und SMS gab es ja noch nicht.« Cyber spielte mal wieder den Superklugen.

»So ist es, und sie haben ein Alphabet erfunden, von dem viele andere abstammen, unseres auch.«

»Direkt von den Phöniziern?«, staunte Timo.

»Nein, dazwischen waren noch die Griechen und die Römer. Aber die Buchstaben haben schon die Phönizier erfunden. Die Griechen und die Römer haben dann nur weiter daran gearbeitet.«

»Genug von den Purpurhändlern, hier kommen nämlich die Griechen, die unserem Alphabet den Namen gegeben haben.«

Yurdakul zeigte mit den Ohren auf einen Wagen, auf dem würdige weißbärtige Männer saßen, einige mit einem weißen Haarkranz um eine beachtliche Glatze. Um sie herum standen junge Männer, einige unterhielten sich und andere machten sich Notizen auf Tonscherben.

»Wer sind die und warum schreiben die auf Scherben?«, wollte Cyber wissen.

»Das sind die griechischen Philosophen und Gelehrten mit ihren Schülern. Wenn sie nur etwas notieren wollen, nahmen sie Scherben von kaputten Krügen, die gab es umsonst. Die Griechen haben die Schreibrichtung beim Schreiben geändert.« Meister Alberti war unermüdlich mit seinen Erklärungen.

»Wie, die Schreibrichtung geändert? Man schreibt doch sowieso von links nach rechts und von oben nach unten.« Timo sah etwas erstaunt aus.

»Wir tun es, weil die Griechen es so getan haben. Die Phönizier haben von rechts nach links geschrieben, und von denen haben es die Israeliten für die hebärische Schrift und die Araber übernommen.«

»Das wäre für mich viel besser«, Ramona winkte mit ihrer linken Hand, »und ich kann sowieso auch von rechts nach links schreiben.«

Timo schaute sie ungläubig an und Yurdakul ließ die Ohren einmal von links nach rechts und einmal von rechts nach links durch die Luft streichen.

»Aha, eine Linkshänderin«, sagte Alberti, »genau wie ich.«

So ging es weiter mit dem Festzug, Römer kamen vorbei und schlugen lateinische Buchstaben in Steintafeln, Mönche saßen an großen, hölzernen Drehpulten und kopierten Bücher. Eine Gruppe von Männern mit langen, roten Haaren und in Tierfelle gekleidet kam als Nächste. Einige bliesen auf Kuhhörnern, andere saßen auf einem Schiff, das auf Rollen gezogen wurde, und meißelten Zeichen in einen Granitfelsen.

»Wikinger aus Skandinavien, ihre Schriftzeichen nennt man Runen.«

Dann kamen Trommler und hinter ihnen Araber in langen Gewändern, die wie Nachthemden aussahen. Sie malten kunstvoll Texte auf runde Teller.

»Die Araber haben etwas Wichtiges erfunden, das bis heute in vielen Schriftsystemen in der ganzen Welt benutzt wird«, erklärte Alberti.

»Haben sie die Zahlen erfunden?«, fragte Cyber und zeigte auf einen Araber, der eine Tafel mit Zahlen hochhielt.

»Die Zahlen nicht, aber die Ziffern, mit denen wir die Zahlen schreiben.«

»Und im Rechnen waren sie auch hervorragend«, fügte Michele hinzu, »*Algebra* ist ein arabisches Wort.«

»Besser als die Indianerknoten«, meinte Cyber. »Mit denen könnte man keine Computer bauen.«

»Schau mal, die da schreiben auf Rollen, wer sind sie?« Timo wurde noch einmal munter, als die nächste Gruppe vorbeizog.

»Das sind Juden, sie schreiben in Hebräisch Thora-Rollen.«

»Was ist das?«

»Das sind die Texte das Alten Testaments. Sie werden in den jüdischen Bethäusern, den Synagogen, immer von einer Rolle gelesen, die mit der Hand geschrieben sein muss. Und es darf kein Fehler drin sein.«

»Bloß abschreiben ist doch keine Kunst«, meinte Cyber.

»Aber so ganz ohne Fehler eine so lange Rolle beschreiben, mach das erst mal!« Ramona war da schon vorsichtiger.

»So, und nun hat's ein Ende mit dem Abschreiben, nun kommt ja wohl der Gutenberg mit seiner Buchdruckmaschine.« Cyber hatte genau aufgepasst. »Der hat den Buchdruck erfunden.«

»Richtig und doch nicht ganz richtig. Den Buchdruck haben

die Chinesen schon ein paar Jahrhunderte früher erfunden, aber der Herr Gensfleisch hat die Druckmaschine erfunden.«

»Der Herr Gensfleisch?« Timos Gesicht war wieder einmal ein Fragezeichen.

»Ja, so hieß er ursprünglich, aber er hat sich dann Gutenberg genannt.«

»Und der hat es den Chinesen abgeguckt?«

»Die Chinesen haben den Druck von Bildern und den Stempeldruck erfunden. Ihre Schrift ist ja auch ...«

»Da kommen welche!« Yurdakuls Ohren zeigten auf eine Gruppe von Männern in langen Gewändern. Voran gingen einige und schlugen auf große Gongs, dass es nur so schallte. Andere trugen Seidenfahnen mit wunderschönen Zeichen.

»Bilder sind das aber nicht«, meinte Ramona.

»Da hast du Recht, es waren einmal Bilder, so ähnlich wie eure geliebten Hieroglyphen, aber im Laufe der Jahrtausende hat man die Bilder immer einfacher gemacht.«

»Und was bedeuten die Bilder, sind das jetzt auch Laute?«

»Nein, Timo, das sind Wörter. Stellt euch vor, ihr müsstet in der Schule lernen, 3000 Zeichen zu lesen und zu schreiben.«

»Schreck lass nach, das stelle ich mir lieber nicht vor«, sagte Cyber, das war selbst ihm zu viel.

»Die Kinder in China, Japan und Korea müssen das.«

»Also dass die Chinesen den Druck erfunden haben, finde ich ja gut, aber unsere Schrift ist doch viel praktischer.«

»Ist sie, und chinesische Schüler lernen neben ihren Schriftzeichen auch die lateinischen Buchstaben.«

»Was kocht der denn da?«, fragte Ramona und zeigte auf einen Chinesen, der auf einem Wagen saß und in einem großen Bottich rührte, unter dem ein Feuer brannte.

»Gibt's heute gute Spaghetti vom Chinesen?«, wollte Timo wissen, der sofort Hunger verspürte, als Ramona vom Kochen anfing.

»Ganz falsch liegst du da nicht, aber nicht auf dem Wagen, dort wird aus alten Lumpen und Holzstücken Papier gekocht. Die Chinesen haben nämlich auch das Papier erfunden, wie wir es heute benutzen.«

»Aber wir nennen es doch Papier nach der ägyptischen Papyruspflanze.«

»Wir nennen es so, aber wir machen es inzwischen aus Holz oder, wenn es feines Papier werden soll, aus Leinen, wie die Chinesen es erfunden haben.«

»Ja, und was ist mit den Spaghetti?« Wenn Timo hungrig war, war er hungrig.

»Die langen Nudeln haben auch die Chinesen erfunden.«

»Nicht die Italiener?«

»Nein, aber ein Italiener hat sie dort für Europa entdeckt. Unser großer Landsmann, der Entdecker Marco Polo.« Jetzt war Michele richtig stolz. »Marco Polo war vor etwa 800 Jahren in China und hat als Erster von diesem großen Land und seinen Erfindungen berichtet.«

»Endlich wird's virtuell!« Cyber war aufgesprungen.

»Und endlich ist bald Schluss, ich kann das alles kaum noch verstehen, so dreht sich's mir im Kopf«, stöhnte Timo und lehnte sich weit zurück.

Und richtig, da kam der letzte Wagen vorbeigefahren, ein Lastwagen. Richtig schöne laute Musik dröhnte aus einem Lautsprecher.

»Endlich mal Sound und keine Gongs.« Timo wurde noch einmal munter.

»Ja, und endlich echte Icons und keine Hieroklieros.« Cyber war in seinem Element, und Recht hatte er. Auf einer großen Leinwand lief ein Videoclip. Er zeigte eine Druckmaschine. Auf der einen Seite wurde Papier von einer großen Rolle in die Maschine gezogen – eigentlich war es eine ganze Maschinenstraße – und auf der anderen Seite kamen fertige Zeitungen heraus.

Auf dem Wagen saßen junge Männer und Frauen, eigentlich noch Schüler und Schülerinnen, schrieben auf Laptops und klickten auf Mäusen herum. Einige hatten Handys und drückten eifrig Knöpfe.

»Jetzt müsst ihr mir sagen, was da vor sich geht, Cyber«, sagte Meister Alberti, »das ist eine neue Welt, in der ich mich noch nicht auskenne.«

»Na ja«, jetzt war Cyber in Hochform, »die an den Laptops werden E-Mails schicken, surfen oder chatten, und die an den Handys schicken SMS-Botschaften.«

»Und was ist das bitte?«

»SMS heißt *Short Message System.*« Cyber redete fast wie Zacharias. »Man kann mit den Knöpfen auf dem Handy auch Buchstaben tippen und die dann als Botschaft absenden.«

Timo wurde es nun wirklich schwindelig. Er schloss die Augen. Surfen, brauste es in seinem Kopf, auf einem Surfbrett fliegen, surfen, surfen, surfen … Er flog wie durch Wolkendunst.

»Guten Morgen, Timo. Zeit zum Aufstehen.« Timos Vater beugte sich über Timo und strich ihm über die Haare.

… mir schwirrt der Kopf irgendwie

»Na, wie fühlst du dich?« Vater ging zum Fenster und zog den Rollladen hoch. »Frische Luft muss hier rein.« Er öffnete das Fenster.

»Pa, ich hab Hunger und Durst, aber ich fühle mich schlapp und mir schwirrt der Kopf irgendwie.«

»Wie, irgendwie? Du hast doch kein Fieber mehr, oder?«

»Nein, ich habe nur so viel im Buch gelesen oder geträumt, oder ich hab im Traum gelesen, und nun tanzt alles in meinem Kopf herum.«

»Was tanzt denn da alles herum, mein kleiner Traumtänzer?«

»Na ja, Hieroglyphen und Kartuschen, Wikinger-Rundenzeichen oder wie die heißen und komische chinesische Schriftzeichen, die kein Mensch verstehen kann.«

»Die Chinesen können sie aber schreiben und lesen, Timo, und es gibt viele Chinesen. Aber pass auf, ich geh mit Tobi kurz raus, du duschst und ziehst dir den Trainingsanzug an. Dann machen wir ein gutes Frühstück, ich gehe zur Arbeit, und du machst es dir zu Hause gemütlich und liest das alles noch einmal nach in deinem Buch. Es war ja wohl doch eine gute Idee von Herrn Zacharias, dir das Buch auszuleihen. Er ist netter, als du immer sagst.«

»Na ja, wenn er nur nicht so streng wäre, der Zack-Zack.«

Die Cornflakes mit Milch und der Kakao schmeckten, als Sonderzugabe hatte Vater Croissants mitgebracht, und auch Tobi bekam eine Extraration.

»Lass alles stehen, Pa, ich kann abräumen«, beendete Timo das Frühstück.

»Gut, du findest genug im Kühlschrank für heute Mittag, und heute Abend gibt es …«

»… Nudeln mit Schmodder?«

»Nein, ich dachte Spinat.«

»Spinaaat?« Timo riss entsetzt die Augen auf.

»Schon gut, aber wie wäre es mit Pommes und Würstchen und dazu Salat, du brauchst Vitamine.«

»Prima.«

»So, dann tschüss, und guck nicht den ganzen Tag Fernsehen, sondern lies in dem Buch.«

Da musste sich Timos Vater ausnahmsweise einmal keine Sorgen machen. Normalerweise hätte Timo den Fernseher sofort angestellt, aber jetzt war er viel zu gespannt auf das Buch. Er räumte auf und wusch ab, holte das Buch und machte es sich auf der Couch im Wohnzimmer gemütlich.

Schnell fand er das Kapitel über die ägyptische Schrift mit den Hieroglyphen, die ganze Anlauttabelle mit genauen Erklärungen. Da konnte er später seine Kartusche malen. Aber erst einmal lesen.

Timo las über die Geschichte der ägyptischen Schrift; er las, dass man sie 3000 Jahre lang geschrieben und dabei immer einfachere Formen entwickelt hatte, weil man ja keinen Vogel und keine Eule mehr erkennen musste, sondern nur noch das Zeichen und für welchen Laut es stand.

Der Stein von Rosetta. Er wurde in drei Schriften beschrieben: in ägyptisch-hieroglyphischer Schrift (oben), in demotischer Schrift (Mitte) und mit griechischen Buchstaben, die um 200 v. Chr. bereits im ganzen Mittelmeerraum verbreitet waren (unten).

Zuletzt wurde die Schrift im Reich der Pharaonin Kleopatra geschrieben, doch nachdem der große römische Feldherr Caesar Ägypten erobert hatte, vergaß man die Schrift nach und nach, und niemand konnte sie mehr lesen, obwohl sie auf Säulen und an den Wänden von Tempeln und in großen Gräbern geschrieben war.

Die Soldaten eines anderen großen Eroberers, Napoleon, fanden mehr als 1800 Jahre später bei der ägyptischen Stadt Rosetta im Nildelta einen Stein, auf dem ein Text in drei Fassungen stand. Eine davon war in Hieroglyphen geschrieben und eine auf Griechisch. Ein französischer Forscher studierte diesen Stein von Rosetta und lernte so, die Hieroglyphen als Lautschrift zu entziffern und nicht als Bilderschrift, wie man immer gedacht hatte. Die Kartuschen waren der erste Schritt bei der Entzifferung.

»Sag ich ja, und meine Kartusche male ich heute Nachmittag«, brummte Timo vor sich hin und Tobi klopfte zustimmend mit dem Schwanz auf den Boden.

»Du kriegst auch eine Kartusche, Tobi.« Der kluge Gelehrte hieß François de Champollion. »Klingt wie Champignon«, murmelte Timo, »und ich hab Hunger.«

Er holte sich eine Tafel Schokolade, brach die Riegel in Stückchen und knabberte beim Weiterlesen.

»Vom Rinderkopf zum Buchstaben A, vom Aleph zum Alpha« hieß eine Kapitelüberschrift. Timo staunte nicht schlecht. Er las, dass das Bild des Rinderkopfes bei vielen Völkern im Orient und auch auf der Insel Kreta das Zeichen für einen Laut war, den die alten Ägypter *Aleph* nannten und der irgendwie im Hals knackte.

Im Laufe der langen Schreibgeschichte war der Rinderkopf mehrmals gedreht worden, die Griechen hatten dann aus dem Knacklaut den *A*-Laut gemacht und aus dem *Aleph* das *Alpha*, und heute war er unser *A*.

Na ja, dachte Timo, wenn man ein großes *A* malte, das Blatt umdrehte und zwei Augen hinzufügte, konnte man solch ein Rindvieh schon noch erkennen. »Verdrehte Welt auch bei den Buchstaben«, murmelte er und ging in sein Zimmer, holte Stifte und Papier, setzte sich an seinen Schreibtisch und fing an zu malen. Und wenn er schon dabei war, dann konnte er ja auch mit seiner Kartusche beginnen. Erst einen einfachen Halbkreis, der ein Brotlaib sein sollte, und dann die Eule. Nach einer Weile ging das ganz gut. Timo nahm ein Blatt, zeichnete seine Kartusche, holte einen Klebstreifen und heftete sie an seine Zimmertür. Dann nahm er ein neues Blatt, zeichnete wieder einen Brotlaib und dann einen Strich von oben nach unten und rechts unten ein kleines Dreieck dran.

»Das ist ein Bein mit einem Fuß, Tobi«, sagte er und zeigte Tobi das Blatt, » das steht für ein b und diese Kartusche heißt ›Tobi‹.«

Tobi sprang auf und wedelte mit dem Schwanz.

»Wer arbeitet, soll auch essen, würde Zack-Zack jetzt sagen«, sagte Timo. »Komm mit in die Küche.«

Timo stöberte im Küchenschrank, bis er Erdnüsse fand, holte sich ein Glas Milch dazu und setzte sich an den Küchentisch, das Buch aufgeschlagen daneben.

»Kalter Kuhsaft«, rief er Tobi zu, »Marke Aleph, komm, kriegst auch etwas davon in deinen Napf.«

Sie tranken, Timo futterte Erdnüsse und blätterte dabei im Buch. Vom Rinderkopf zum Buchstaben A – was denn wohl sonst noch? Abräumen konnte er später, jetzt erst einmal weiterlesen. Timo legte sich gemütlich auf die Couch. Er las noch ein paar Minuten, dann guckte er zum Fenster hin und sah, dass es draußen schneite.

Wo wohl mein Wolkenwasserschneemann sein mag?, dachte er, während er den Schneeflocken zusah, wie sie am Fenster vorbeitanzten.

Er döste vor sich hin und schlief schließlich ein.

Das Festspielhaus

»Steig auf dein Buch und komm mit!«

Hoch über Timo flogen Cyber und Ramona auf ihren Büchern durch die tanzenden Schneeflocken und winkten. Timo hatte sich schon auf sein Buchsegelflugzeug gesetzt und klappte mit den Buchdeckeln. Bald flog er zwischen den beiden.

»Bei dem Schnee kann man ja gar nichts sehen«, rief er zu ihnen hinüber.

»Meine Brille ist auch schon ganz verklebt«, rief Ramona zurück, »aber da vorn wird es heller.«

Nach und nach kamen ihnen weniger Schneeflocken entgegen und hinter einer großen Wolke schienen einige Sonnenstahlen hervor.

»Da drüben – der Wolkenschneemann!« Timo winkte der großen Wolke zu, aus der ihm tatsächlich das große, runde Gesicht des Wolkenmannes zulächelte. Plötzlich brachen Sonnenstrahlen durch seine Augen und er löste sich auf.

Da flogen sie auch schon über dem Land Linguania. Unten saß das Kaninchen und winkte mit den Ohren, daneben sprang Tobi auf und ab, bellte zu ihnen empor und wedelte mit dem Schwanz.

»Fliegt weiter zum Festspielhaus«, rief Yurdakul, »da geht es lang.«

Es zeigte mit den Ohren auf die Sonne zu und hoppelte los. Tobi sprang neben ihm her und die Buchsegler flogen über ihnen. Eine schnelle Reise war das. Bald sahen sie ein großes

Haus vor sich, in dessen von hohen Säulen umrahmten Eingang viele der bunt gekleideten Gestalten strömten, die sie beim großen Festzug gesehen hatten.

Sie landeten und wunderten sich gar nicht, als sie Barış' Stimme hörten: »Datteln und Feigen, Orangen und Bananen, Nüsse und Mandeln, Fruchtsäfte und Ayran!«

Çakır und Sohn hatten ihren Stand vor dem Festspielhaus aufgebaut.

»Gibt's auch eine Möhre für mich?«, fragte Yurdakul.

»Sogar zwei, und weil du es bist, sogar umsonst.« Da war Barış großzügig.

»Und für euch gibt's Pinien- und Kürbiskerne, aber die Schalen in die Tüte tun und nicht auf den Boden spucken. Dafür haltet ihr mir einen Platz frei, ja? Wenn die Vorstellung beginnt, komme ich zu euch.«

»Eintrittskarten braucht man keine zur Festvorstellung. Meister Alberti hat das ganze Theater gemietet«, klärte sie das Kaninchen auf. »Er meinte, bei diesem Fest sollten alle mitfeiern dürfen, am Geld solle es nicht scheitern.«

Die vier gingen hinein. Sie kamen in einen Garderobensaal mit vielen Spiegeln. Manche der Zuschauer gaben ihre Mäntel ab, die Wikinger brachten ihre Fellmützen und Felljacken zur Garderobe, die ägyptischen Damen kämmten ihre langen Haare. »Wir müssen nichts abgeben, die Bücher nehmen wir mit.« Timo hätte sein Segelflugzeugbuch niemals aus den Händen gegeben.

»He, da drüben ist auch Michele!«, rief Cyber und zeigte quer durch die Garderobenhalle. »Hallo, Michele! Komm, lass uns zusammen sitzen!«

Michele kam zu ihnen, auf seiner Schulter saß Kodja, die kleine Maus, die sofort mit Yurdakul Nase an Nase rubbelte.

Dann ging, nein, hoppelte das Kaninchen zu einem Herrn in einer schicken roten Uniform mit goldenen Knöpfen, der eine weißgraue Perücke trug, wechselte ein paar Worte mit ihm und winkte alle zu sich.

»Ich habe dem Theaterdirektor erklärt, dass ich Gäste aus der Anderwelt habe und dass wir eine große Gruppe sind. Er hat gesagt, Meister Albertis Empfangsdame habe ihm schon mitgeteilt, dass wir kommen; der Meister selbst habe Anweisung gegeben, dass wir alle zusammen in einer großen Loge Platz nehmen sollten. Das sei auch für Tobi besser als im Parkett.«

»Eine Loge, wie im Zirkus direkt an der Manege?«, wollte Timo wissen.

»Eben nicht direkt vorn, sondern oben auf dem Rang. Wirst schon sehen, komm, hier die Treppe hoch.«

Yurdakuls Ohren zeigten zu einer Treppe, die links nach oben führte. Sie gingen hoch, Yurdakul hoppelte voran, sagte »Loge dreizehn« zu einem Mann in einer ähnlichen Uniform, wie sie der Theaterdirektor trug, nur war sie blau und hatte silberne Knöpfe. Der Türsteher öffnete ihnen eine Tür, auf der groß die Nummer 13 stand, und sie kamen auf einen kleinen Balkon, der vorn zum Theatersaal hin geöffnet war. Darin befanden sich Stühle, im Hintergrund ein kleines Tischchen, alles war mit dunkelrotem Samt ausgeschlagen.

»Vornehm«, sagte Ramona.

»Viel vornehmer als im Zirkus.« Timo flüsterte fast, so beeindruckt war er.

»Wird uns Barış denn hier finden?«

»Merhaba, bin schon da«, sagte Barış und stellte eine Tüte mit getrockneten Feigen und Datteln auf das Tischchen.

»Merha-was?«, fragte Timo.

»Merhaba, das ist Türkisch und heißt ›Guten Abend‹.«

Alle machten es sich gemütlich, Kodja setzte sich auf Cybers Schulter und auch Tobi sprang auf einen Stuhl und schaute interessiert in den Theatersaal. Der war nicht besonders groß, die Bühne war sogar durch eine kleine Schaubude verkleinert, die so ähnlich aussah wie ein Kasperletheater, nur etwas größer. In der Mitte des Saales leuchtete ein runder Kronleuchter mit vielen kerzenartigen Birnen, im halbrund gebauten Saal waren über drei Stockwerke Logen wie die ihre zu sehen, jede hatte zwei eigene kleine Lampen rechts und links. In der großen Mittelloge saß Meister Leon Battista Alberti, rechts neben ihm saß Imhetop, der ihnen zuwinkte. Links saß niemand anders als Zack-Zack Zacharias.

»Hier hat aber Meister Alberti das Sagen«, meinte Ramona, »hier wird Zack-Zack nicht herumkommandieren können.«

Ein großer Gong erklang, die letzten Zuschauer im Parkett besetzten ihre Plätze und die Logentüren wurden von außen geschlossen. Noch einmal ertönte der Gong und das Licht im Saal und in den Logen ging langsam aus. Dafür strahlten zwei Scheinwerfer auf die Bühne rechts und links neben die Schaubude. Ein Trompeter in einem grünen Hemd und einer weißen Hose trat von rechts auf und blies eine Fanfare. Eine Dame in einem leuchtend grünen Samtkleid mit goldenen Rüschen trat von links neben die Schaubude:

»Heute gibt es eine Sondervorstellung unseres berühmten Marionettentheaters *Figura Magica*. Sie haben extra für dieses Fest ein neues Stück geschrieben: Der Tanz der Buchstaben. Die Vorstellung beginnt.«

Der Trompeter blies eine weitere Fanfare und beide gingen ab.

Der erste Tanz der Buchstaben

Musik erklang. Tam ta tam ta taa tata tam …

»Da möchte man mittanzen!« Ramonas Beine zuckten im Takt der Musik.

»Sei ruhig, es geht los!« Timo war ganz aufgeregt, denn bei der kleinen Schaubude auf der Bühne öffnete sich ein Vorhang, und es öffnete sich eine Bühne auf der Bühne. Der Bühnenraum des Marionettentheaters war im Hintergrund und an den Seiten mit dunkelgrünem Stoff ausgeschlagen und ganz leer. Doch von oben schwebte eine Figur herein, ein Mann oder eine Frau, das konnte man nicht erkennen, denn die Figur hatte einen Zaubermantel an, golden und silbern glänzend mit roten und blauen Punkten übersät. Sie trug einen hohen, spitz zulaufenden Hut und hielt in der rechten Hand einen hellgrün leuchtenden Zauberstab.

»Willkommen in der Wunderwelt der *Figura Magica*! Willkommen zum Tanz der Buchstaben!« Der Magier schwebte an die rechte Seite der Bühne. »Begrüßen Sie die Hauptdarsteller in unserem Wunderwerk!«

Die Musik spielte einen Tusch, und von oben herab schwebte eine zweite Figur, die eigentlich nur ein langer, dünner Strich war, wie ein silberweiß gekleideter Stock. Der Stock verbeugte sich, schwebte zur Seite und blieb aufrecht in der Luft hängen, während eine zweite Figur herabschwebte, wieder so ein Strich, diesmal aber quer in der Luft hängend. Der Strich verbeugte sich wie eine Wippe einmal nach rechts und einmal nach links und stellte sich neben dem graden Strich auf – eigentlich hängte er sich neben den Stock in die Luft.

»Was sind denn das für komische Strichtypen«, murmelte Timo.

»Psst, das ist die Buchstabenkodetruppe«, flüsterte Michele und Cyber nickte.

Während zwei weitere Strichfiguren hereinschwebten, diesmal schräg geneigt, eine von links oben nach rechts unten und eine von rechts oben nach links unten, schüttelte Ramona den Kopf: »Kodetruppe? Ich denke, da kommt eine Balletttruppe.«

»Jetzt seid endlich ruhig und schaut zu«, Yurdakul wurde unwillig, »ich wünschte, ich hätte eure guten Augen und müsste mich nicht so anstrengen.« Dabei holte sie von irgendwoher ein Fernglas und hielt es vor die Augen.

»Prima, ein Opernglas, wie meine Oma eins hat«, flüsterte Barış.

Die beiden schrägen Strichfiguren hatten sich auf der gegenüberliegenden Seite aufgehängt, und eine ganz andere Figur schwebte herab, ein großer runder Kreis, wie ein Reifen. Er drehte sich im Kreis und hängte sich im Hintergrund in die Mitte.

»Und nun«, der Magier schwebte in die Mitte der Bühne und zeichnete mit dem Zauberstab eine Acht in die Luft, »noch unsere kleinen Helfer.«

Von oben herab purzelten kleine Punkte, Striche und Häkchen; sie glitzerten und tanzten zur Musik um den Magier herum.

»Wie Sternschnuppen«, meinte Ramona. Ihr gefiel dieser Ballettwirbel.

Cyber knurrte: »Du wirst noch sehen, deine Sternschnuppen sind diakritische Zeichen.« Aber das Wort war so schwierig und die Musik setzte mit einem neuen Tanz ein, dass man es kaum verstand.

Die kleinen Helferpünktchen und -häkchen hatten sich oben unter die Decke der Bühne gehängt, der Magier war wieder an die Seite geschwebt, und der lange dünne Kerl kreiselte in die Mitte der Bühne und stellte, nein, hängte sich gerade hin.

»Wer bin denn I,
I grader Strich,
das rätst du nie
du kleiner Wicht.«

Das sang er mit bairischem Akzent.

Timo schaute etwas dumm drein, Cyber sagte: »Genau.«

Yurdakul stellte ein Ohr gerade nach oben und Tobi machte es nach.

Nun ging es im Rhythmus der Musik Schlag auf Schlag. Der Querstrich schwebte herbei, wirbelte um den Längsstrich und legte sich quer über seinen Kopf.

»Sieht aus wie ein **T**«, sagte Ramona.

»Du beginnst zu verstehen«, Michele nickte, »das Stück heißt schließlich ›Der Tanz der Buchstaben‹.«

Der Querstrich hatte sich wieder gelöst, umkreiste den langen Kerl und legte sich unten von rechts nach links vor ihn; für die Zuschauer sah es aber so aus, als ob er von links nach rechts läge.

»Ein **L**.« Jetzt hatte auch Timo etwas gemerkt.

Indessen rutschte der Querstrich in die Mitte des Längsstriches und von oben schwebte ein weiterer Querstrich herein und legte sich oben an den Längsstrich, schon war das **F** fertig.

Und so ging es weiter. Die Längs- und Querstriche wirbelten herum, neue kamen hinzu, immer wieder hing ein anderer Buchstabe in der Bühnenmitte und löste sich wieder auf. Die Querstriche gesellten sich dazu und querten sich erst einmal in der Mitte, schon hing da ein **X**, dann gesellten sich Quer- und Längsstriche zueinander, immer wieder ein anderer Buchstabe.

»Da ist ja der verdrehte Kuhkopf.« Timo war ganz begeistert.

Ramona guckte ihn von der Seite an und zeigte ihm einen Vogel, aber Michele klopfte ihm auf die Schulter und nickte ihm zu.

Plötzlich erlosch das Licht, nur der Zauberstab des Magiers leuchtete, als er mit ihm in der Luft etwas zu schreiben schien, ein Trommelwirbel ertönte, das Licht ging wieder an und da hing die ganze Gesellschaft nebeneinander:

ITLFEHZXVWNMAYK

Der Magier ließ noch einmal seinen Stab kreisen, die Buchstaben lösten sich auf in die Striche, und dann fügten sie sich wieder in Reih und Glied zusammen:

AEFHIKLMNTVWXYZ

Das Publikum klatschte, selbst Tobi bellte kurz auf. Die Buchstaben verbeugten sich und entschwebten in die Höhe.

Mit einem Paukenschlag kam nun der Reifen aus dem Hintergrund nach vorn, drehte sich im Kreis und sagte sein Sprüchlein:

»So, so, so,
jo, jo, jo,
wo, wo, wo
goht's zom Zoo?«

Und nun begann ein neuer Wirbel. Ein kleiner Querstrich legte sich unten an und baute ein **Q**, der Kreis teilte sich und fertig war das **C**, Längsstriche kamen hinzu, der Kreis machte sich kleiner, immer wieder neue Buchstaben, jetzt mit der Kreislinie als einen Teil. Da konnte einem schwindelig werden, aber die Zuschauer kannten ja die Buchstaben; immer wieder rief jemand:

»Ein **D**, ein **B**, ein **J**.«

Wieder hörte die Musik auf, wieder wurde es dunkel, wieder ließ der Magier seinen Leuchtzauberstab in die Luft schreiben, und als es hell wurde, schwebte die zweite Gruppe herab:

O Q C D P B R U J S G

Auch diese verbeugten sich unter Klatschen und Bravorufen und verschwanden.

Doch zu einem weiteren Trommelwirbel kamen sie nun alle nacheinander herabgeschwebt.

A B C D E F G H I J K L M N O P Q R S T U V W X Y Z

Alle verbeugten sich, wirbelten dann in einem Kreistanz wie ein Kettenkarussell rund umeinander, dass einem beim Zuschauen schwindelig werden konnte, lösten sich in ihre Teilkreise und Teilstriche auf, und am Ende hingen nur noch Kreis, Längsstrich, Querstrich und die beiden Schrägstriche im Raum.

Der Fanfarenbläser und die Dame im grünen Kleid kamen neben die Bühne, er spielte eine Fanfare, die den Beifall abebben ließ, und die Dame sagte:

»Zwanzig Minuten Pause.«

Der Vorhang der kleinen Bühne ging zu, die Lichter gingen wieder an, und unsere Logen-Gäste rieben sich die Augen.

Das war toll choreografiert

»Punkt, Punkt, Komma, Strich, fertig ist das Mondgesicht, das kenne ich ja, aber …« Die Erste, die ihre Sprache wiederfand, war Ramona.

»Habt ihr kapiert, wie das gelaufen ist?« Cyber klang fast wie Zack-Zack. »Ja, irgendwie waren da immer wieder Buchstaben und dann waren sie wieder weg und dann waren sie alle da.« Timo rieb sich noch die Augen.

»Irgendwie nicht, aber das war toll choreografiert«, meinte Ramona verwirrt und anerkennend.

»Was ist denn das, ein Chor? Ich habe niemanden singen hören und nur den Magier und die komischen Striche und Kreise gesehen.« Timo schaute Ramona fragend an.

»Choreografieren bedeutet, dass die Figuren immer genau wussten, wer wann wohin zu gehen hatte, und die Musik hat ihnen dabei geholfen«, erklärte Ramona.

»Wie ich mit meinen Ohren«, ergänzte Yurdakul und ließ sie nach oben, unten, rechts und links zeigen.

»Aber die Figuren wussten gar nichts, die hingen an Strippen.« Timo war froh, dass er auch einmal etwas besser wusste als Ramona.

»Ja, aber die Menschen, die die Marionetten an den Schnüren tanzen ließen, die hatten einen genauen Plan.« Cyber musste immer zeigen, was er alles wusste.

»Einen genauen Plan habe ich auch.« Barış war inzwischen zum Tischchen nach hinten gegangen. »Jetzt gibt es ein Logenpicknick mit Datteln, Feigen, Kürbiskernen und Pinienkernen.«

Inzwischen war Tobi vom Stuhl gesprungen und schnupperte an der Tür.

»Komm, Timo, Tobi will mal raus.« Yurdakuls Ohren zeigten zur Tür. »Ich geh mit, damit du den Weg zurückfindest.«

Die drei verließen die Loge, gingen, sprangen und hoppelten die Treppe hinunter, jeder in seiner Gangart, und machten sich auf den Weg ins Freie. Tobi fand bald einen Baum und kam dann schwanzwedelnd zurück. Als die drei die Treppe wieder emporgegangen, -gesprungen und -gehoppelt waren und sich durch die Zuschauer den Weg zu ihrer Loge suchten, begegneten ihnen die Dame im grünen Kleid mit den goldenen Rüschen, die das Programm angesagt hatte; sie war niemand anderes als Meister Albertis Empfangsdame. Timo zuckte kurz zusammen, sie sah seiner Mutter doch so ähnlich, und in dem Kleid sah sie sooo schön aus.

»Na, Timo, gefällt es dir?«

»Und wie! Und die tolle Loge!«

»Ich hab dir doch gesagt, dass ich dem Sohn meiner Spiegelschwester aus der Anderwelt hier bei uns helfen will.«

»Dann hast du, haben Sie …«

»Du darfst ruhig du sagen. Und die Idee, eine Loge für euch zu reservieren, kam von Yurdakul.«

»Aber Sie haben das dann geregelt«, ergänzte Yurdakul.

»Na, jedenfalls vielen Dank, an euch beide.« Timo legte seine rechte Hand auf sein Herz und verbeugte sich und Tobi wedelte heftig mit dem Schwanz. Indessen klingelte es, die Pause war zu Ende. Die drei suchten die Loge dreizehn, wo Barış, Cyber, Michele und Ramona Pinien- und Kürbiskerne knackten.

»Da sind Datteln und Feigen für euch.« Barış zeigte auf den Tisch.

»Man kann Kürbiskerne aufknacken und essen wie Sonnenblumenkerne.« Cyber knabberte munter drauflos. »Und sie schmecken auch so ähnlich.«

»Sie schmecken besser, viel besser, jedenfalls einem Kaninchen.« Yurdakul machte sich mit Begeisterung über die Kürbiskerne her.

Während die drei draußen gewesen waren, hatte Cyber Ramona erklärt, was er mit dem »Buchstabenkode« meinte. Alle großen Buchstaben des lateinischen Alphabets konnten aus den einfachen Grundlinien zusammengesetzt werden, wie es die Marionettenfiguren vorgetanzt hatten. Und die Grundlinien waren so angelegt, dass sie sich möglichst genau voneinander unterschieden: senkrechter Strich, waagerechter Strich, zwei diagonale Schrägstriche und der Kreis, den man teilen konnte. Mehr brauchte man nicht. Ramona begann, Timo das zu erklären, der war aber zunächst mehr mit den Feigen beschäftigt. Also wandte sich Ramona wieder an Cyber:

»Und was war das mit deinen komischen Dia-Zeichen?«

»Du meinst die diakritischen Zeichen.« Cyber konnte schon richtig wichtig klingen. »Ja, die ...«

»Mach nicht solchen Wind, Cyber!«, fiel ihm Michele ins Wort. »Die kleinen Pünktchen und Häkchen und Striche kennt man doch, sie unterscheiden noch genauer zwischen den Buchstaben.«

»Sag ich doch.« Jetzt war Cyber fast sauer. »Diakritische Zeichen bedeutet unterscheidende Zeichen.«

»Der Marionetten-Magier hat sie die kleinen Helfer genannt, das ist viel schöner.« Timo mochte keinen Streit.

»Da, die ganze Decke hängt doch noch voll davon. Ich denke, die werden jetzt …«

In diesem Moment ging das Licht aus, jeder setzte sich auf seinen Platz, nur Tobi legte sich unter den Tisch; er wollte wohl ein Schläfchen halten. Wieder kamen der Fanfarenbläser und die Dame in Grün und Gold. Er blies seine Fanfare und sie verkündete:

»Der Tanz der Buchstaben, zweiter Akt: Festival international.«

Pünktchen, Häkchen, kleiner Strich ...

Der Vorhang des Marionettentheaters öffnete sich und der Magier schwebte herab.

»Pünktchen, Häkchen, kleiner Strich,
dich mag ich wohl leiden,
immer wieder brauch ich dich,
hilfst zu unterscheiden.«

Während er seinen Spruch aufsagte, der eher praktisch als magisch klang, schwebten die Pünktchen, Häkchen und kleinen Striche von der Decke herab und tanzten im Kreis um ihn herum. Auf einen Wink seines Zauberstabes hin hängten sie sich wieder unter die Decke, er schwebte zurück an die rechte Seite der Bühne, eine Fanfare erklang und er spielte nun eine Art Ansager:

»Herbei, ihr Pünktchen oder Striche
für das Deutsche, Schwyzerdütsche
und Österreichische!«

Währenddessen schwebten drei Buchstaben herab: **A**, **O** und **U**. Drei Pärchen von Pünktchen und Strichen tanzten von der Decke herunter und schwebten über die Buchstaben, und fertig waren

Ä, Ö, und Ü.

»Fehlt nur noch das **ß**, dann sind alle da«, meinte Ramona.

»Schon«, sagte Cyber, »aber heute tanzen hier nur die großen Buchstaben und da ist das **ß** nicht zugelassen.«

»Warum eigentlich nicht?«

»Das habe ich neulich Meister Alberti auch gefragt, und sogar er wusste es nicht«, sagte Michele. »Das hat ihn mächtig geärgert. Heute hat er dann den Zack-Zack gefragt, seinen Spiegelbruder Zacharias, wie er ihn nennt.«

»Und der wusste es natürlich.« Da war Timo sicher.

»Genau. Euer Zack-Zack hat gesagt, früher habe man sogar einmal SZ und sz geschrieben: Grosze Füsze. Dann sei man aber darauf gekommen, dass das scharfe ***s*** am Wortanfang nie vorkommt, und man hätte eine Form genommen, die früher als Schluss-**s** geschrieben wurde.«

»Und die Schweizer schreiben es sowieso nicht, habe ich neulich irgendwo gehört«, unterbrach ihn Ramona.

»Toll, da muss man dann Busse zahlen, wenn man Busse ohne Fahrschein benutzt und dabei erwischt wird.« Barış war hellwach, wenn es um Geld ging.

»Schluss mit euren deutschen Spezialitäten, passt besser mal auf!« Yurdakuls Ohren zeigten zur Bühne. Der Magier rief:

»Mit *cédille* und *accent*
vive la France!«

Kleine Striche und ein kleines Dach sortierten sich zu **A**, **E**, **O**:

À Á Â È É Ê Ò Ó Ô

Dann schwebte ein kleines Häkchen herab und setzte sich unter ein **C**:

Ç

Danach kamen ein **A**, ein **O** und zwei **E** herbeigeschwebt und begannen als Pärchen **A-E** und **O-E** kunstvoll umeinander zu tanzen.

»Sie tanzen zwei Pas-de-deux, toll«, jubelte Ramona.

»Zwei was?«

»Das bedeutet ›Tanz zu zweit‹ und wird meistens von Liebespaaren getanzt.«

»Tolle Liebespaare, diese Buchstaben.« Barış und Timo grinsten sich an.

»Guckt lieber genau hin, wie so eine Ligatur aussieht, dann habt ihr später in Französisch weniger Probleme.« Cyber war eben Cyber, und er wusste auch schon wieder ein Kodewort, so wie Ramona die Ballettwörter kannte. Timos Gesicht wurde zu einem Fragezeichen, und Cyber erklärte:

»Ligatur bedeutet ›angelehnter Buchstabe‹«, und schon

schmiegten sich die beiden **E**-Marionetten ganz eng an **A** und **O** an:

Æ Œ

»Jetzt wird es aber Zeit für unsere türkischen Spezialitäten«, meldete sich Barış.

»Hast du auch türkischen Honig mitgebracht?«, fragten Timo und Ramona wie mit einer Stimme.

»Jetzt geht es nicht um Esskultur, sondern um die Schreibkultur des großen Atatürk.«

»Wer ist das denn?« Sogar Cyber wusste jetzt einmal nicht Bescheid.

»Atatürk war der Gründer der türkischen Republik, und er hat vor ungefähr 75 Jahren das lateinische Alphabet für die türkische Sprache eingeführt.« Barış klang richtig stolz. »Da passen die Laute und Buchstaben viel besser zusammen als bei euch.«

Ehe darüber nun ein Streit ausbrechen konnte, rief der Magier wirklich:

»Dikkat! Şimdi Türkçe'nin alfabesi geliyor!«

»Was sagt der? Wer ist hier dick?«, fragte Cyber verwirrt.

»Achtung! Jetzt kommt das türkischer Alphabet!«, rief Barış.

»Ist ja schon gut«, klopfte ihm Cyber auf die Schulter.

»Nein, das hat doch der Magier gesagt.« Barış war schon ein bisschen stolz.

Und schon ging der Tanz los. Pünktchen schwebten über das **O** und das **U**:

Ö Ü

»Wie bei uns«, nickte Timo.

»Genau, aber pass auf, da kommt noch mehr.« Barış zeigte auf die Bühne. Und schon setzten sich Häkchen unter das **C** und das **S**:

Ç Ş

Ein anderes schwebte über das **G**:

Ğ

»Was ist denn mit dieser komischen umgedrehten Mütze über dem ***g*** und mit diesen Häkchen-Füßchen, über die eure Buchstaben da stolpern?«, fragte Timo.

»Das ***ğ*** ist so etwas wie euer Dehnungs-***h***, und die anderen stolpern nicht, sondern das **ç** spricht man ›**tsch**‹ und das **ş** spricht man ›**sch**‹, das ist doch einfacher als drei Buchstaben wie im Deutschen.« Barış erklärte fast wie Zack-Zack.

»Na gut, in deinem Namen darfst du es behalten, dein **ş**«, schaltete Ramona sich ein. »Wir sind da ja großzügig, wir schreiben schließlich auch *spielen* und *Stuhl* einfach so, und dann schreiben wir *Show* und *Shorts* wie die Engländer und *Chance* wie die Franzosen.«

»Und *Ski* wie die Norweger.« Timo war richtig stolz, dass er auch mitreden konnte.

In diesem Augenblick schwebte ein **i** herein.

»Jetzt kommt eine Spezialität wie türkischer Honig!« freute Barış sich. Und richtig, das **i** tanzte in den Vordergrund, und dann schwebte der kleine Punkt davon:

I

»Kriegt den Kopf abgeschlagen«, grinste Timo.

»Nichts da, das spricht man halb wie ein *ı* und halb wie ein **e**, so wie ihr das im Wort *Ruhe* macht, nur wir schreiben es so wie in meinem Namen.« Barış war jetzt richtig munter geworden.

»Aha, ein *ı* ohne Punkt, eine halbe Sache«, stichelte Cyber.

»Mein Name bedeutet ›Frieden‹, das ist keine halbe Sache. Und überhaupt ist unser Alphabet viel genauer als das deutsche!«

»He, von wegen Frieden, und dann so angeben!«, meinte Cyber gereizt.

»Und was macht ihr beim großen *I*, wenn ihr das mit und das ohne Punkt unterscheiden wollt?«, fragte Ramona die Streithähne.

»Da haben wir eins mit und eins ohne Punkt«, begann Barış, und da kamen sie auch schon beide einträchtig nebeneinander herbeigeschwebt:

İ I

»Seht ihr, das türkische Alphabet ist da einfacher. Es ist eben noch so schön neu.«

»Neu?« Timos Gesicht wurde zu einem Fragezeichen.

»Na ja, mal gerade 75 Jahre alt, wie meine Großmutter.«

»Jetzt gebt aber mal Ruhe mit **e** oder *ı*«, ging Yurdakul dazwischen, »hier kommen noch ein paar internationale Charaktere.«

Und richtig, jetzt tanzten einige Buchstaben herein und trugen Fähnchen, ein **Ñ** mit einer spanischen Fahne, ein **Å** mit einer schwedischen, ein **Ø** mit einer dänischen und schließlich ein **Ł** und ein **Ó** als Pärchen mit einer rotweißen Fahne.

»Was ist das für ein Land?«, wollte Timo wissen.

»Der Musik nach müssen es Polen sein, die tanzen zu einer Polonaise«, meinte Ramona.

»Und nun das große Finale!«, rief der Magier. Alle Buchstaben hatten Fähnchen bei sich und tanzten bunt durcheinander, deutsche, österreichische und eine Schweizer Fahne, eine französische, eine spanische und eine portugiesische, eine türkische kamen hinzu. Alles wirbelte durcheinander und dann fiel der Vorhang.

Der zweite Tanz der Buchstaben

Vom vielen Reden der sechs Logengenossen und von der wirbelnden Musik war Tobi aufgewacht. Würdevoll spazierte er zu seinem Stuhl, setzte sich, schnupperte und schaute in Richtung der Bühne, und schon ging das Licht aus, der Trompeter kam und blies seine Fanfare, die Bühne öffnete sich und der Magier erschien, schwang seinen Zauberstab und hatte dieses Mal einen echten Zauberspruch mitgebracht:

»Von Ort zu Ort
von Wort zu Wort
in einem fort.»

Auf einen Wink mit dem Zauberstab schwebten alle Buchstaben des Alphabets herunter und hängten sich in den Hintergrund.

Die Musik begann: Tam tata taaa tata tam tata taaa …

Die drei Buchstaben **O**, **R** und **T** lösten sich aus der Gruppe, tanzten in den Vordergrund, kreisten im Rhythmus der Musik umeinander und endeten in einem Standbild:

ORT

Gleich lösten sie sich wieder auf und fügten sich neu zusammen:

ROT

Schon waren sie wieder auseinander, kreisten umeinander und fertig war auch das dritte Standbild:

TOR

»Jetzt ist es ein richtiges Buchstabenballett!«, freute sich Ramona.

»Ein Wörterballett«, staunte Timo.

»Kodieren, umkodieren, immer etwas ausprobieren!« Michele war in seinem Element. Und Kodja, die kleine Maus, sprang von seiner Schulter auf den Rand der Brüstung und schaute genau zu.

Währenddessen war die Dame in Grün und Gold neben der Marionettenbühne erschienen und setzte sich an einen kleinen Tisch, den man jetzt erst sah, weil sie eine kleine Lampe anknipste. Vor sich hatte sie einen Laptop, und über ihr wurde eine Leinwand heruntergelassen.

»Na endlich auch moderne Technik!« Cyber nickte zustimmend zum Laptop hinunter.

Die drei Buchstaben reihten sich wieder ein in das Alphabet und der Magier wendete sich an die Zuschauer:

»Hochverehrtes Publikum, nun folgt unser Wunschprogramm. Sie rufen die Buchstaben und die Wörter werden tanzen. Wir schreiben für Sie mit und notieren, mit welcher Buchstabengruppe wir die meisten Wörter ertanzen können. Alle müssen immer mittanzen. Gesucht wird der Meister der Wortbasteleien.«

»Keine Meisterin?«, rief jemand aus dem Publikum.

»Meister oder Meisterin, wer wagt den Beginn?«, reimte der Magier.

Aus dem Publikum rief jemand: »**A**, **R**, **T**«, und die Buchstaben lösten sich aus dem Hintergrund und hatten schnell die Wörter

ART – RAT

zusammengestellt, und die Wörter erschienen jeweils auf der Leinwand in großer Schrift und blieben dort stehen.

»Sogar einen Beamer haben die«, sagte Cyber beeindruckt.

»Was ist das?«, wollte Ramona wissen.

»Ein Projektor für PC-Präsentationen.«

»Präsentationen, der Cyber kann Wörter«, grinste Timo zu Barış hinüber.

»Ja, so heißen solche Vorführungen aber nun mal.« Cyber war sauer.

»Ruhe hier«, wurde aus der Nebenloge gerufen, denn aus dem Publikum war längst der nächste Wunsch da: »**B**, zwei **E**, **L** und **N**«. Schon standen

LEBEN – NEBEL

nacheinander auf der Bühne und auf der Leinwand.

B, **E**, **I**, **L** waren die Nächsten und nun erschienen nacheinander sogar drei Wörter:

BEIL – LEIB – LIEB.

Während das Publikum Beifall klatschte, rief jemand die Buchstaben **A**, **B**, **E**, **R** und schnell standen

ABER – RABE – BARE

auf Bühne und Leinwand, doch auch die tanzten noch einmal auseinander und stellten sich neu auf zu

BAER.

»Gilt das denn, warum nicht mit **Ä**?«, kamen Zwischenrufe.

»Pfiffig darf und muss man sein«, rief der Magier, »wir geben einen halben Punkt dafür«, worauf ein Sternchen hinter dem Wort auf der Leinwand erschien.

»Und nun«, fuhr der Magier fort, »eine neue Regel: Jetzt dürfen bei einigen Wörtern einige Buchstaben pausieren, aber alle müssen mindestens zweimal gemeinsam erscheinen.«

B, E, R, Ü wollte jemand sehen, und schon tanzten

RÜBE – ÜBER – ÜBE

ihren Reigen und standen als neue Gruppe auf der Leinwand.

A, B, S, T wurden aufgerufen und tanzten zusammen zu

BAST – AST – STAB – BAT – AB.

Plötzlich richtete Yurdakul beide Ohren auf die Bühne und rief: »A, M, S, U.«

Während ihre Logenfreunde noch über ihren Mut staunten, tanzten die Buchstaben und bildeten:

SAUM – UM – SAU – MAUS – AM – MUS – AUS.

»Sieben Wörter, bravo, bravo!« Die Zuschauer klatschten zu Yurdakul empor. Kodja stupste Yurdakul mit ihrer Nase an, so freute sie sich über das Wort MAUS.

Jemand rief: »Fast wie ein Text!«

Ein Scheinwerfer wurde auf die Loge gerichtet, der alle blendete.

Tobi bellte erschreckt, und Timo hielt sich die Hand vor die Augen, weil es plötzlich so hell im Zimmer war.

»Na, Timo, eingeschlafen beim Lesen?«

Timos Vater stand über die Couch gebeugt, er hatte das Licht im Zimmer angeknipst.

»Wach auf, ich mach uns schon mal Abendessen.«

Timo-Bier und Pommes-Schranke

Vater war mit Tobi kurz draußen gewesen und dann in die Küche gegangen. Die Pommes frites waren schnell heiß, die Würstchen ebenfalls. Er wusch den Salat und zerkleinerte ein paar Möhren mit der Schnitzelmaschine. Timo war ins Bad gegangen, hatte sich mit kaltem Wasser den Schlaf aus den Augen gewaschen und war mit den Fingern kurz über seinen Strubbelkopf gefahren. Der Kamm konnte bis morgen warten, wenn Timo wieder in die Schule ging.

»Deck den Tisch, vergiss den Senf nicht und hol Bier aus dem Kühlschrank«, rief Vater, »ich mach den Salat noch an.«

Bier für Vater und Timo-Bier für Timo. Timo stellte seinem Vater eine Flasche Bier hin und holte Gläser. Er goss sein Glas halb voll mit Apfelsaft, schüttete dann einen Löffel Traubenzucker hinein und holte eine Flasche Sprudel. Vater stellte die Pommes auf den Tisch, legte jedem zwei Würstchen auf den Teller und holte den Salat;

das heißt, es waren zwei Salate, dunkelgrüner Feldsalat und orange leuchtender Möhrensalat. Die beiden setzten sich, Vater schenkte sich ein Bier ein, das im Glas eine Schaumkrone bekam, und Timo füllte sprudelndes Mineralwasser in sein Apfelsaft-Traubenzucker-Gebräu. Es schäumte auf und sah aus wie Vaters Bier: braungolden mit weißer Schaumkrone.

»Na, denn prost!«

Die beiden stießen an und jeder nahm einen tiefen Schluck.

»Seit wann bist du unter die Eulen gegangen?«

»Ach, du meinst die Kartusche an meiner Tür?«

»Die was?«

»Die Kartusche, das sind Namenszeichen mit Hieroglyphen. Die Eule steht für das M. Ich kann dir das in meinem Buch zeigen.« Timo wollte aufstehen und das Buch holen.

»Nach dem Essen, Timo, komm, nimm dir Salat.«

»Hm, lecker, Nüsschen-Salat.« So nannte Timo den Feldsalat.

»Kannst auch Rapunzel dazu sagen wie im Märchen der Brüder Grimm«, sagte Vater, während er sich nahm und Timo Pommes auf seinen Teller schaufelte. Dann sprang er noch einmal auf und lief zum Kühlschrank.

»Was ist?«, wollte Vater wissen.

»Du kriegst Würstchen mit Senf und ich Pommes-Schranke!« So nannte er Pommes frites mit Ketchup und Mayonnaise, rot-weiß wie eine Bahnschranke.

»Komm, nimm auch Möhrensalat, gut für die Augen.« Vater reichte Timo die Salatschüssel.

»Sehr gut für Yurdakul!«, sagte Timo, an seinen Pommes kauend.

»Für wen?« Vater guckte ihn erstaunt an. »Und sag's mir lieber mit leerem Mund, sonst versteh ich gar nichts.«

Timo schluckte die Pommes herunter, brummte »sofort«, schob ein ordentliches Stück vom Würstchen nach und erklärte, nachdem auch dieses gekaut und heruntergeschluckt war: »Möhren sind gut für Yurdakul, das weiße Albino-Kaninchen mit den schlechten Augen.«

Vater zog die Stirn in Falten: »Yurda-kuhle, das weiße Kaninchen?«

»Yur-da-kul«, sagte Timo ganz langsam, »aus meinem Buch oder aus dem Traum oder aus dem Buch und dem Traum.«

»Eins nach dem anderen«, meinte Vater, »jetzt essen wir erst mal, ehe alles kalt wird, und dann erzählst du mir vom Traumbuch oder Buchtraum oder was auch immer.«

Beide aßen mit großem Appetit Pommes, Würstchen, Senf oder rot-weiße Schranke je nach Geschmack, grünen Feldsalat und orangefarbenen Möhrensalat.

»Abwaschen können wir später.« Vater schenkte sich und Timo noch ein Glas ein. »Trinken ist gut für dich, Timo, und dann erzähl von Yurdakul.«

Nachdem sie sich wieder zugeprostet hatten, begann Timo zu erzählen – von Linien und Kreisen, die zu Buchstaben wurden, von Pünktchen, Strichen und Häkchen, von Ramona, Cyber, Michele und Kodja, von Barış, von Tobi und von Yurdakul. Vater hörte gespannt zu. Was davon im Buch stand und was Timo geträumt hatte, war gar nicht so wichtig. Timo hatte sich jedenfalls mit dem Buch beschäftigt und gesund geschlafen.

»Ja, und die Dame in Grün und Gold, die sah aus wie Mammi, aber sie hat gesagt, sie sei Mammis Spiegelschwester.«

Jetzt wurde es Vater zwar etwas unheimlich, aber er erinnerte sich an die Rufe in Timos Fiebertraum und nickte nur ruhig.

»Das hast du sicher geträumt, Timo.«

»Ja, aber das war ein schöner Traum.«

Beide nahmen einen weiteren Schluck.

»Weißt du eigentlich, wie viele Wörter in Timo stecken?«, fragte Timo nun.

»In dir stecken ganze Traumgeschichten voller Wörter, mein Lieber.«

»Das meine ich nicht, sondern in ›Timo‹.«

Vater schaute etwas verständnislos drein.

»Siehste, weißte nicht, ich zeig's dir!«

Timo holte ein Blatt Papier und einen Bleistift und schrieb:

TIMO – TIM – TOM – MIT – OMI – IM

»Aha, Buchstabenbasteleien, die hast du sicher aus dem Buch. Aber geh jetzt ins Bett, den Abwasch mache ich heute allein. Du musst morgen früh zur Schule. Herr Zacharias wird dich mitnehmen.«

Das war Timo nicht gerade recht, aber Vater redete ihm gut zu.

»Ist doch nett von ihm, dass er dir den Weg zur Bushaltestelle ersparen will.«

»Na gut, aber zurück fahre ich mit dem Bus.«

»In Ordnung, aber nicht mehr zur Froschkuhle gehen! Und nun gute Nacht.«

»Nacht, Pa, und das Buch lege ich wieder unter mein Kopfkissen.«

»Tu das, aber schlaf einmal ohne Traum, damit du morgen einen klaren Kopf hast.«

»Was kann ich dafür, wenn ich träume?«

»Nichts, mein kleiner Traumtänzer.«

Ob da mehr drinsteht als im Internet?

Timo hatte wirklich traumlos und fest geschlafen. Das Fieber war ganz und gar weg, und morgens fühlte er sich überhaupt nicht mehr schlapp. Er freute sich richtig auf die Schule, auf Barış, Cyber und Ramona, mit denen er seine tollen Fiebertraumreisen ins Land Linguania gemacht hatte, auch wenn die das nicht wussten. Er würde sich hüten, noch einmal danach zu fragen.

Vater brachte ihn noch zum Auto von Herrn Zacharias und Zack-Zack war wirklich freundlich.

»Komm, Timo, Morgenstund hat Gold im Mund, frisch auf zu guten Taten!«

Timo sagte »Guten Morgen!« und stieg zu Herrn Zacharias ins Auto. Auf der Fahrt nahm er all seinen Mut zusammen und sagte:

»Herr Zacharias, das Buch von den Zeichen, das ist sehr interessant.« Er versuchte, sich gut auszudrücken.

»Hast du darin gelesen?«

»Ja, ich hatte ja ganz gut Zeit, und ich habe es sogar …« Timo stockte, jetzt hätte er sich fast verplappert.

»Was hast du sogar?«

»Na ja, im Bett habe ich es auch gelesen.«

»… und unter dein Kopfkissen gelegt?« Herr Zacharias schmunzelte.

»Da kann es schon gelegen haben, als ich eingeschlafen

bin.« Timo war froh, dass ihm eine solche gute Erklärung eingefallen war.

In der Schule lief alles besser als seit langem. Timo brachte die anderen zum Staunen, als er erklären konnte, was Hieroglyphen und Kartuschen sind. Cyber wollte kaum glauben, dass Timo seine Kartusche an die Tafel malen konnte.

»Eure kann ich euch auch zeigen, kommt doch heute Nachmittag bei mir vorbei, ich hab da ein tolles Buch«, dabei schaute er Herrn Zacharias an, »da steht das alles drin.«

In den letzten zehn Minuten gab es noch einen Test über die Zeichen, mit dem Timo gar keine Probleme hatte. Und so gut lief der ganze Schulvormittag.

Zu Hause ging Timo erst mal mit Tobi raus, aber nicht bis zur Froschkuhle. Dann futterten beide etwas. Timo machte sich einen Becher Schokoladenpudding auf und trank Milch dazu, Tobi bekam seinen Napf voll Wasser und seine Trockenfutterration. Timo lernte noch etwas Englisch und Mathe. Schon war es vier Uhr und die drei Klassenkameraden standen vor der Tür.

»Jetzt bin ich aber gespannt auf das Buch! Ob da mehr drinsteht als im Internet?« So eine Bemerkung war typisch Cyber. Doch dann machten die drei doch große Augen, was für ein prächtiges Buch das war mit Bildtafeln und Tabellen und so vielen Schriftzeichen.

»Wo hast du das her?«, wollte Barış wissen.

»Von, von … von einem Nachbarn.« Timo wollte doch nicht sagen, dass er das Buch ausgerechnet von Zack-Zack geliehen bekommen hatte.

»Aha, ein Nachbar.« Ramona grinste und zeigte heimlich mit einer Kopfbewegung nach oben. Sie wusste schließlich, wo Zacharias wohnte.

Timo wollte ihnen zeigen, wie die Buchstaben aufgebaut sind und wie aus einem Rinderkopf unser Buchstabe A geworden ist, aber Ramona meinte:

»Lass uns mit Rindviechern in Ruhe, wir wollen unsere Kartons oder wie das heißt machen.«

»Kartuschen«, sagte Timo, »und wenn du schon keinen Rinderkopf hast, dann mindestens eine Eule, und was sonst noch, werden wir sehen.«

Als Timos Vater nach Hause kam, hatten die drei ihre Kartuschen gemalt und zeigten sie stolz vor. Er freute sich, dass Timo die drei mitgebracht hatte.

»Kommt doch öfter vorbei, im Kühlschrank findet ihr auch immer eine Erfrischung.«

Das fanden die drei nicht schlecht.

»In dem Buch ist ein gutes Kodierrad«, meinte Cyber, »da können wir eine Geheimschrift basteln.«

Beim Abschied rollten Barış, Cyber und Ramona sorgfältig ihre Kartuschen zusammen und versprachen, bald wiederzukommen.

Das war ein guter Tag. Und er wurde noch besser. Als Vater gerade fragen wollte, was es denn zu essen geben sollte, rief Herr Zacharias an:

»Sehr erfreulich, sehr erfreulich«, hörte Timo mit, »das ist der Lohn der Mühen. Timo hat einen guten Test geschrieben. Alles richtig, nur ein paar Rechtschreibfehler. Und die Schrift könnte auch besser werden.«

Da war nichts zu machen, Zack-Zack fand immer etwas, was man besser machen konnte. Aber Timos Vater freute sich über das Lob für seinen Sohn.

»Du darfst dir wünschen, was wir essen, und zum Nachtisch gibt es heute auf jeden Fall Eis.«

Dass Timo sich Nudeln mit Schmodder wünschte, war keine echte Überraschung.

Hilf mir lieber mit dem Kodierrad!

»Na, Timo, willst du heute mal wieder etwas fernsehen?«

Timo und sein Vater waren mit dem Abendessen fertig und machten gemeinsam den Abwasch.

»Nein, Pa. Hilf mir lieber mit dem Kodierrad!«

Timos Vater wunderte sich kaum noch, dass Timo gar nicht mehr fernsehen, sondern sich weiter mit seinen Geheimzeichen beschäftigen wollte. Also setzten sich die beiden an den Wohnzimmertisch, holten sich die Stehlampe an den Tisch, legten eine CD ein und holten das Buch hervor. Und da war wirklich ein prächtiges altes Kodierrad abgebildet.

»So muss das bei Meister Alberti ausgesehen haben!«, meinte Timo.

»Steht der im Buch oder ist der aus deiner Traumwelt?«, wollte Vater wissen.

»Schaun wir mal nach.« Timo blätterte schon hinten im Register. »Na bitte, hier!« Er blätterte die Seite auf.

»Na, da staunst du!«

Leon Battista Alberti (*Genua 14.2.1404, †Rom 25.4.1472), italienischer Gelehrter, Künstler, Architekt, päpstlicher Diplomat und Berater. A. baute und renovierte mehrere Kirchen, u. a. in

Florenz, Mantua, Rimini, und war beteiligt an den Planungen für den neuen Petersdom und den Platz vor dem Dom in Rom. Schrieb bedeutsame Abhandlungen auf Italienisch und nicht auf Lateinisch, u. a. »Della famiglia« (Über die Familie), »De re aedificatoria« (Über die Baukunst) und »La prima grammatica della lingua italiana« (Die erste Grammatik der italienischen Sprache). A. gilt als erster großer Stilist italienischer Prosa und Förderer der italienischen Sprache. In Florenz veranstaltete er einen Dichterwettstreit. In seiner Zeit als Diplomat in päpstlichem Dienst entwickelte er ein Kodierrad und gilt auch als Vater der Kryptologie (der Wissenschaft und Technik des Verschlüsselns).

»Den Petersdom und Petersplatz in Rom hat der entworfen? Ist das da, wo im Fernsehen der Papst immer auf dem Balkon steht?«

»Ja, wo der Papst Weihnachten und Ostern auf dem Balkon steht und den Segensspruch *Urbi et orbi* spricht, und das wird im Fernsehen übertragen.«

»Was für einen Spruch?«

»Das ist Latein und bedeutet ›der Stadt und dem Erdkreis‹«, erklärte Timos Vater.

»Und ein Kodierrad hat der Meister Alberti auch erfunden.«

»Ja, Leon Battista Alberti war ein großer Gelehrter in seiner Zeit.«

»Ich weiß, Pa. Er hat auch ein Fernrohr in seinem Zimmer und weiß alles über alle Schriften auf der Welt.«

»Wie bitte?«

»Er wohnt jetzt in Linguania.«

»In deiner Traumwelt, Timo.«

»Ja. Und jetzt bauen wir in der Wachwelt ein Kodierrad.«

»Machen wir, nur etwas einfacher.«

Die beiden holten Pappe, einen Zirkel und eine Schere und schnitten zwei Kreise aus, einen etwas kleineren und einen etwas größeren.

»Nur große Buchstaben oder auch kleine?«

»Fangen wir einfach an, wenn wir dann kapiert haben, wie es geht, bauen wir ein zweites. Und erst einmal nur die 26 Buchstaben, die es in den meisten Sprachen gibt.«

»Klar, *Ä* schreiben wir dann AE, *Ö* schreiben wir OE

und *Ü* UE und das *ß* schreiben wir wie die Schweizer als ss.«

Sie teilten die Kreise in genau 26 Abschnitte ein und schrieben auf beide die Buchstaben des Alphabets von A bis Z. Timo holte eine Stecknadel und wollte die beiden Räder übereinander pinnen.

»Halt, du zerkratzt den Tisch, leg ein Brett unter!«

Schon sauste Timo in die Küche und holte eins, und fertig war das Kodierrad.

»Jetzt drehen wir das innere C auf das äußere A, und dann können wir schreiben.«

Timo drehte das Rad und schrieb:

RC WPF VKOQ DCUVGNP GKP MQFKGTTCF.

»Ist doch Klasse, das kann niemand lesen.«

»Und warum kannst du es lesen, Timo?«

»Na, weil ich doch nur die Buchstaben ablesen muss.«

»Welche?«

»Die inneren zeigen mir doch, wie die äußeren heißen.«

»Und woher weißt du, dass nicht die äußeren die inneren zeigen?«

»Na, das gäbe aber einen tollen Text, guck mal:«

NY SLB RGKM ...

»Wer soll das verstehen?« Timo tippte sich an die Stirn.

»Vogel zeigen ist beim Kodieren schon ganz gut, aber nun überleg mal: Woher soll man wissen, wie das Rad gedreht ist und in welche Richtung es zu lesen ist?«

»Na, das muss man verabreden.«

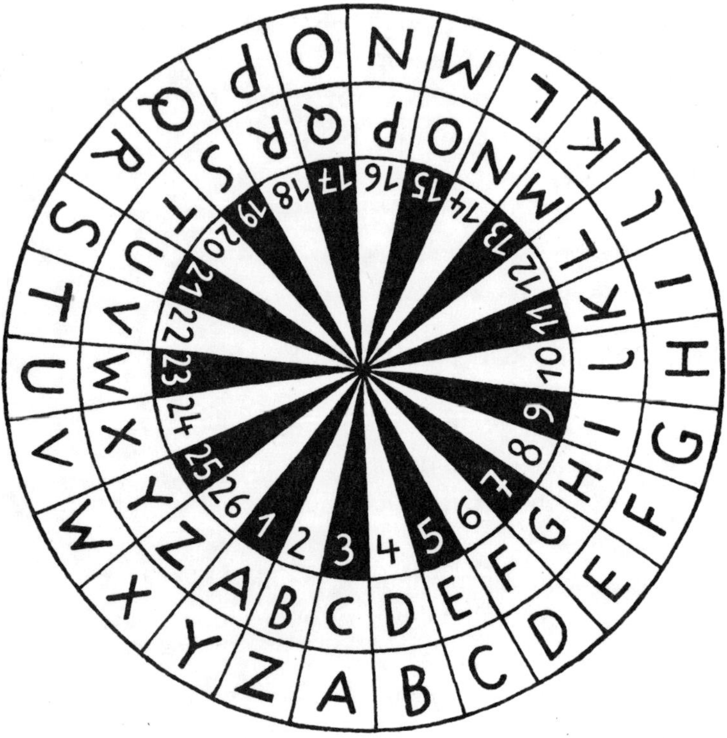
A B C D E F G H I J K L M N O P Q R S T U V W X Y Z
A B C D E F G H I J K L M N O P Q R S T U V W X Y Z
1 2 3 4 5 6 7 8 9 10 11 12 13 14 15 16 17 18 19 20 21 22 23 24 25 26

»Und wenn jemand das mitbekommt, kann er alles lesen.«

»Vielleicht muss man da auch ein Versteckspiel daraus machen. Ich habe da eine Idee, Pa. Die Woche hat sieben Tage. Aber wir verstecken die Reihenfolge, wir drehen sie um. Am Sonntag stellen wir das Rad immer auf den 7. Buchstaben, am Montag auf den 6.«

»Und am Samstag?«

»Ach so, am Samstag steht es dann auf dem 1., also auf sich selbst. Also fangen wir mit dem 8. Buchstaben an.«

»Das wäre ein Weg. Und den kann man einfacher haben, schau dir das alte Rad noch einmal an!«

»Da stehen auch Zahlen dabei.«

»Genau.«

»Das können wir auch.«

Timo hatte schon einen Stift in der Hand und malte einen Kreis in das kleinere Rad unter die Buchstaben. Dann zog er von jedem Buchstaben eine Linie und schrieb die Zahlen in die Kästchen, die 1 unter das A, die 2 unter das B bis zur 26 unter das Z.

»So, jetzt können wir die richtige Zahl immer ablesen und mit dem Kodierbuchstaben drehen, und dann wissen wir immer Bescheid.«

»Gut so. Und vielleicht fällt uns noch mehr ein. Aber jetzt ab ins Bett. Ich gehe noch mit Tobi raus, du gehst ins Bad, vergiss nicht, Zähne zu putzen, und ab in die Federn.«

»Das Kodierrad nehm ich aber mit.«

»Aber nicht unter das Kopfkissen legen, dann geht es kaputt.«

»Unter das Kopfkissen kommt das Buch.«

Als Vater mit Tobi zurückkam, lag Timo schon im Bett. Auf dem Tisch lag ein Zettel.

LZYJ SFHMY, UF! XHMQFK LZY!

Der Vater schmunzelte. Dann setzte er sich hin, schrieb schnell eine Reihe von A bis Z, schnitt sie ab, schrieb noch eine und schob die erste an der zweiten entlang. Er probierte eine Weile, dann murmelte er.

»Heute ist Dienstag, also die 6.« Und schon hatte er die Lösung. »Du auch, Timo, du auch«, nickte er.

Timo flog und flog und flog

»Hast du uns denn ganz vergessen?«

Das war doch Yurdakuls Stimme. Doch wo war das weiße Kaninchen? Timo saß auf seinem Buch und flog, aber wohin flog er? Er konnte nichts sehen, um ihn war Wolkendunst. Er hörte nur Yurdakuls Stimme. Er klappte mit den Buchdeckelflügeln, doch er wusste nicht, ob er nach oben oder nach unten flog. Er wollte Yurdakul rufen, doch so weit er auch den Mund aufsperrte, es kam kein Laut heraus. Timo flog und flog und flog. Er hörte das weiße Kaninchen rufen, aber nichts war zu sehen im grauen Wolkennebel.

Doch da vorn, war das nicht das Gesicht des Wolkenwasserschneemannes? Es lächelte ihm zu und schien sogar mit den Augen zu zwinkern, so als wollte es ihn herbeiwinken? Timo hielt darauf zu, doch das Gesicht löste sich wieder auf und verschwand im grauweißen Einerlei.

Timo begann, sich zu fürchten. Wo waren seine Freunde? Woher kam die Stimme das weißen Kaninchens? Wo war sein Traumland Linguania? Wo war Meister Albertis Haus? Er wollte ihm doch das Kodierrad zeigen. Flog er im Kreis wie auf dem Rad? Er konnte sich im Wolkennebel nicht orientieren. Alles drehte sich um ihn.

»Wo bin ich?«, schrie er plötzlich laut auf.

»In deinem Bett, wo sonst?« Vater beugte sich über ihn. »Zeit zum Aufstehen.«

»Aber, aber … alles war nur grau und weiß.«

»Du hast wohl schlecht geträumt, Timo?«

»Ich weiß nicht, ich flog und flog und nichts war zu sehen und ich kam nirgendwo hin.«

»Wie gut, dass du dann doch in deinem Bett gelandet bist. So etwas nennt man einen Albtraum. Man kommt und kommt nicht voran. Den Träumen kann man nichts befehlen. Sie kommen, wie sie wollen, und sie gehen, wie sie wollen.«

»Aber sie sind doch in unserem Kopf.«

»Das schon, aber oft vergessen wir unsere Träume. Manchmal erinnern wir uns an sie – oder an Teile von ihnen. Es gibt auch Menschen, die glauben, aus unseren Träumen könnten sie etwas deuten für unser Leben.«

»Können sie das wirklich?«

»Ich weiß es nicht, Timo, ich bin kein Traumdeuter. Aber jetzt komm, spritz dir kaltes Wasser ins Gesicht und verscheuch die Erinnerung an den letzten Traum.«

Gibt er mir eine Sechs, schießt ihn die Hex!

»Na, wie war es in der Schule?«, wollte Timos Vater abends wissen.

»Gut«, grinste Timo.

»Was hast du angestellt?« Vater wurde immer misstrauisch, wenn Timo so ein Gesicht zog.

»Es gab einen Test, und da hab ich eben …«

»Was hast du eben?«

»Na ja, da habe ich eben den letzten Teil mit dem Kodierrad geschrieben.«

»Und wie soll der Zacharias das verstehen?«

»Na, er hat mir doch das Buch geliehen. Dann muss er doch auch etwas von Kodes verstehen. Gibt er mir eine Sechs, schießt ihn die Hex! Das ist mein Zauberspruch.«

»Zaubersprüche sind Quatschsprüche, wenn es um Schulnoten geht.«

Und prompt klingelte auch schon das Telefon.

»Ich stelle laut, dass du mithören kannst, Timo«, sagte Vater, während er den Hörer abnahm.

»Hier Zacharias. Nun wird es etwas bedenklich mit Timo. Er will mich ärgern, schreibt völligen Unsinn. Ich glaube, ich muss ihm diesmal wirklich eine Sechs geben. Wir sollten miteinander reden. Können Sie mal vorbeikommen, ich habe einen Hexenschuss.«

»Da hast du den Salat, Timo. Gib mir das Kodierrad

und das Buch von Zacharias. Er hat einen Hexenschuss. Und grins jetzt nicht so blöd, das hat mit deinen dummen Sprüchen nichts zu tun. Setz dich an deine Hausaufgaben! Ich geh hoch zu ihm.«

Herr Zacharias bat Timos Vater in sein Arbeitszimmer. Frau Zacharias kochte Kaffee und dann holte Herr Zacharias den Test von Timo.

»Schauen Sie sich das an! Die Aufgabe lautete, den deutschen Wörtern die Fremdwörter zuzuordnen, und was schreibt der Bursche?«

Timos Vater las mit:

Asterix, Astronaut, Astronom, Astrologe	3
Sternendeuter, der aus den Sternen weissagt	CUVTQNQIG
Comicfigur; wörtlich »Sternchen«	CUVGTKZ
Weltraumfahrer	CUVTQPCWV
Sternenforscher, Erforscher des Weltalls	CUVTQPQO

»Also, ich glaube, da hat Timo einfach einen Kode benutzt. Schauen Sie, die Wörter fangen doch alle gleich an. Wir haben gestern Abend nach Ihrem Buch ein Kodierrad gebastelt und das hat Timo in der Schule dabeigehabt und dann benutzt. Schauen Sie hier!« Timos Vater legte das Kodierrad neben den Test. »Timo hat den Schlüssel gleich mitgeliefert, hier rechts oben steht die Drei, oder hat Timo die nicht geschrieben?«

»Doch, die Drei ist von Timo.«

Die beiden beugten sich über das Rad, Timos Vater drehte das C unter das A und sie begannen zu buchstabieren. Zacharias schüttelte den Kopf.

»Alles richtig, dieses Bürschchen! Mal sehen, wie es weitergeht.«

Und da stand also:

Druse (die), Dryade, Dschunke, Druide, Drude (die)	23
keltischer Priester	ZNQEZA
Zauberin, Nachtgeist	ZNQZA
Waldnymphe, Waldgottheit	ZNUWZA
chinesisches Segelschiff	ZOYDQJGA
1. Aushöhlung in einem Kristallgestein; 2. Pferdekrankheit	ZNQOA

»Der Junge hat seine Fremdwörter gelernt und will mir mit seinem Rad den Kopf verdrehen. Na ja, ein Ungenügend bekommt er nicht, aber eine Ermahnung. – Ah, das tat gut!« Zacharias stieß fast einen Freudenruf aus.

Timos Vater schaute etwas verdutzt drein.

»Ich habe mir soeben den Rücken wieder eingerenkt, der Hexenschuss ist weg«, freute sich Zacharias. »Nun passen Sie auf«, fuhr er fort, »nehmen Sie den Test mit! Timo soll die anderen Lösungen im Klartext schreiben und dann hochbringen. Ich möchte ein ernstes Wörtchen mit ihm reden. Und das Buch nehm ich vielleicht besser wieder zurück, falls er mir noch mehr Rätsel aufgibt. Schauen Sie sich nur die nächste Aufgabe an!«

Halali, Hallimasch, Halunke, Halleluja, Hallodri	11
religiöser Freudengesang	18–11–22–22–15–22–5–20–11
Pilz, wächst in Gruppen, oft an gefallenen Baumstämmen	18–11–22–22–19–23–11–3–13–18
Jagdruf, Hornsignal am Ende einer Treibjagd	18–11–22–11–22–19
leichtsinniger, lebenslustiger junger Mann	18–11–22–22–25–14–2–19
Schuft, Gauner	18–11–22–5–24–21–15

»Da hat Timo dann nur noch die Zahlen notiert. Hier oben steht ja der Schlüssel: 11 = A. Immerhin hat er die Zahlen durch Striche getrennt, sonst wäre es noch etwas schwieriger.«

»Schon gut, nehmen Sie den Test, das soll er selbst dechiffrieren.«

Strategie ist auch so ein tolles Wort

So kam es dann auch. Nachdem Timo gelernt hatte, dass die Wörter *chiffrieren* und *dechriffrieren* nichts mit einer Gänsehaut zu tun hatten, die man beim Frieren bekam, sondern so viel bedeuten wir *kodieren* und *dekodieren*, setzte er sich hin und tat genau das nicht, sondern er schrieb die Lösungen direkt hin.

Und dann half alles nichts, er musste die Treppe hinaufgehen und Zack-Zack den Test bringen. Frau Zacharias öffnete die Tür und führte ihn in das Arbeitszimmer ihres Mannes. Herr Zacharias saß an seinem Schreibtisch und korrigierte die Tests. Er wandte sich Timo zu und sagte schmunzelnd:

»Aha, der große Chiffrierkünstler Timo. Na, zeig mal her!«

Timo gab ihm den Test. Herr Zacharias schaute sich die Lösungen an und sagte: »Nicht schlecht. Aber bei B, E und T ist jeweils ein Fehler, schau es dir noch einmal an! Komm, setz dich hier hin!« Er zeigte auf einen großen Lesesessel. »Einem großen Chiffriermeister muss man einen bequemen Sessel anbieten.« Er gab Timo seinen Testbogen und einen Stift.

Timo war erleichtert, eine Strafpredigt gab es nicht, jedenfalls noch nicht. Er setzte sich und las.

Borschtsch, Porridge, Borretsch, Boa, Bora, Porree	
Riesenschlange, Würgeschlange	Boa
kalter Fallwind in der Adria (Dalmatien)	Bora
Küchenkraut, Bohnenkraut	Borschtsch
russische Kohlsuppe;	
polnische Rote-Bete-Suppe	Borretsch
Lauchgemüse	Porree
Haferbrei	Porridge

Timo überlegte. *Boa* war klar, *Porridge* und *Porree* auch. Wo steckte der Fehler? Auch beim Wind *Bora* war er sich ziemlich sicher, aber man konnte ja mal fragen. »Herr Zacharias, ich hab eine Frage.«

»Nur zu! Wenn man lernen will, gibt es keine dummen Fragen, Timo.«

»*Bora* ist doch der kalte Wind.«

»Richtig, er weht von den Bergen herunter, wenn das Meer wärmer ist als die Luft über den Bergen.«

»Dann muss das mit *Borschtsch* und *Borretsch* falsch sein.«

»Aha, du weißt es nicht, also rätst du es.«

»Na ja, bei den anderen bin ich mir sicher, denn Porridge und Porree essen wir manchmal, und die Boaschlange kennt doch jeder, der mal im Zoo war.«

»Gar nicht schlecht, deine Strategie; das genau Gewusste abhaken und wenn es keine andere Möglichkeit mehr gibt, dann eben raten. Da hat man immer eine Chance.«

»Strategie ist auch so ein tolles Wort. Ich habe das einfach so gemacht. Danke jedenfalls.«

»Man kann auch klug vorgehen, ohne darüber nachzudenken. Also weiter.«

Damit wandte Herr Zacharias sich wieder den Korrekturen zu und Timo den anderen beiden Aufgaben.

extravagant, extraordinär, extern, extrem, extra	
außergewöhnlich, außerordentlich	extravagant
auswärtig, von außen kommend, fremd	extern
ausgefallen, ausschweifend	extraordinär
besonders, für sich getrennt, zusätzlich, absichtlich	extra
radikal, äußerst ungewöhnlich	extrem

Jetzt ging Timo bewusst vor: *extern*, *extra* und *extrem* waren richtig, also markierte er einen Pfeil zwischen *extravagant* und *extraordinär*. Und weiter zur letzten Aufgabe.

Tang, Tanga, Tango, Tangens, Tangente	
südamerikanischer Tanz	Tango
Gattung von Meeresalgen	Tang
Winkelfunktion im Dreieck	Tangente
Berührungslinie; Umgehungsstraße	Tangens
knappes Bikinihöschen	Tanga

Auch hier ging es ganz schnell, denn *Tango*, *Tang* und *Tanga* waren ja klar. Also mussten *Tangente* und *Tangens* falsch sein.

»Fertig, Herr Zacharias.«

»Und? Hast du wieder geraten?«

»Nein, ich habe Strategie gemacht!«

»Na gut, den Tangens behandelt ihr in Mathematik ja auch erst später. So, und gibt es noch etwas zu sagen?«

»Ja, also … also«, begann Timo zu stottern, »entschuldigen Sie bitte, dass ich das gemacht habe mit dem Kodieren. Das war keine so gute Idee.«

»Deine Entschuldigung wird angenommen und wir vergessen die Sache. Aber ganz vergessen solltest du sie nicht. Wenn dein Vater mir das Kodierrad nicht gebracht hätte, dann hättest du jetzt eine Sechs im Test gebaut, und das muss doch nicht sein, wenn du so viel weißt. Und nun nimm den Umschlag mit und lies einmal in Ruhe die Ratschläge deines alten Lehrers.« Dabei gab er Timo einen Briefumschlag und wies ihm dann den Weg nach draußen. An der Tür sagte er noch: »Doppelt gemoppelt und gedreht, ein jeder diesen Kode versteht.«

Wir nehmen das Geld aus meinem Sparschwein

Timo hüpfte vergnügt nach unten. So übel war der Zack-Zack eigentlich nicht.

»Na, wie war's?«, begrüßte ihn Vater, während Tobi schwanzwedelnd um ihn herumsprang und nach dem Briefumschlag schnappte.

»Lass, Tobi! Da steht was drin.« Timo hielt den Briefumschlag hoch. »Gar nicht so übel. Und ich weiß jetzt auch, was eine gute Strategie beim Lösen von Aufgaben ist«, sagte er zu Vater.

»So, so. Dann kann der Zacharias euch doch was beibringen. Zeig mir mal den Brief!«

»Der ist doch für mich und nicht für dich.«

»Was steht denn drauf?«

PEIK QJZ RWPAN
TIMO UND VATER
IAEOPAN ZAO GKZEANNWZAO
MEISTER DES KODIERRADES

»Also eine Kodierung, und da steht die Zahl: 23. Das haben wir doch schnell dechiffriert«, da war sich Timo sicher und holte sein Kodierrad. Die beiden setzten sich wieder an den Tisch und begannen, die Buchstaben zu ersetzen; und das hatten sie wirklich bald.

»Der Zack-Zack beherrscht das auch, aber uns kann er da nichts vormachen«, meinte Timo stolz.

»Zacharias würde sagen: Hochmut kommt vor dem Fall. Warte erst mal ab, was drinsteht, mein Junge.«

Sie öffneten den Brief und da stand ein Text. Und oben drüber stand eine 6.

XUM BYRYH-YCHGUFYCHM

XO GOMMN PYLMNYBH!
UOM YCHM GUWB TYBH
OHX TQYC FUMM AYBH
OHX XLYC GUWB AFYCWB,
MI VCMN XO LYCWB.
PYLFCYL XCY PCYL!
UOM ZOYHZ OHX MYWBM,
MI MUAN XCY BYR',
GUWB MCYVYH OHX UWBN,
MI CMN'M PIFFVLUWBN:
OHX HYOH CMN YCHM,
OHX TYBH CMN EYCHM.
XUM CMN XUM BYRYH-YCHGUFYCHM!

Und dann stand da noch in Klartext:

»Dein Vater wird schon wissen, von welchem deutschen Dichter der Text ist und wo er steht und wer dann sagt: ›Mich dünkt, die Alte spricht im Fieber‹.«

»Also los, Kodierrad auf 6 stellen und los geht es!« Timo drehte und buchstabierte.

Und was kam beim ersten Wort heraus?

IFX MJCJS-JNSRFQJNSX

»Was ist denn das für ein Quatsch?« Timo starrte ungläubig auf das Papier. »Der Zack-Zack schreibt ja im Fieber!«

»Falsche Kodierzahl.«

»Aber hier steht doch eine 6.«

»Gibt es denn keinen weiteren Hinweis? Hat der Herr Zacharias nicht noch irgendetwas gesagt?«

»Er hat etwas von Strategie beim Lösen von Aufgaben gesagt, aber das war nicht beim Kodieren, sondern bei den Fremdwörtern.«

»Und als er dir den Brief gegeben hat?«

»Warte mal, doch«, Timo fuhr sich durch die Haare, »da war etwas mit doppelt gemoppelt.«

»So, so. Und was ist doppelt gemoppelt bei einer 6?«

»Na, 12!«

Schon war Timo wieder mit dem Drehrad beschäftigt, und dann stand auf seinem Blatt Papier:

OLC SPIPY-

»Auch nicht besser. Da mach ich nicht weiter«, maulte Timo enttäuscht. »Da steckt noch mehr dahinter. Komm, wir schauen in Zack-Zacks großem Buch nach, was da über doppelt-gemoppelt steht.«

»Das Buch hat er behalten. Er meinte, das brauche er jetzt selbst, falls du mal weitere Tricks ausprobierst.«

»Dann lass uns das Buch kaufen. Wir nehmen das Geld aus meinem Sparschwein.«

»Keine schlechte Idee. Und ich beteilige mich. Wir machen halbe-halbe.«

»Au ja.«

»Komm, Tobi muss auch mal ein bisschen raus. Die Geschäfte sind noch auf. Wir machen einen Spaziergang zur Buchhandlung und kaufen das Buch.«

Und das taten sie. Vater legte erst einmal aus, Timo schüttelte zu Hause die nötigen Euros und Cents aus dem Schwein, und abends nahm Timo das Buch natürlich mit ins Bett und legte es unters Kopfkissen. Das Kodierrad hatte er zwischen die Seiten des Buches geschmuggelt.

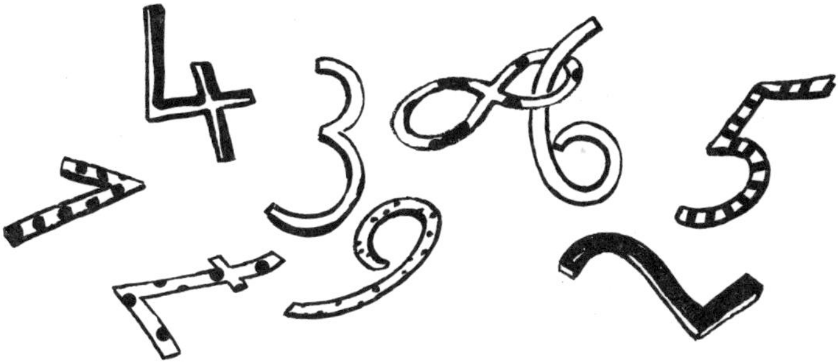

Doppelt gemoppelt und gedreht

Hui, das ging wie der Wind. Timo flog über die Froschkuhle und jauchzte vor Vergnügen. Aber er hatte das Fluggerät gewechselt. Er saß mitten auf einem riesigen Kodierrad, hielt einen Stab, der wie eine große Stecknadel aussah, als Steuerknüppel in den Händen und drehte sich langsam im Kreis, während seine Flugscheibe auf das Ufer von Linguania zusteuerte.

»Nimm mich mit auf deiner fliegenden Untertasse!« Yurdakul saß am Ufer unter der Weide und ließ die Ohren kreisen. Timo steuerte sanft nach unten und setzte vorsichtig neben der Weide auf.

»Komm, spring an Bord, Springkaninchen«, rief er und Yurdakul hüpfte zu ihm.

»Was hast du für ein tolles neues Fluggerät?« Über ihnen klappte Ramona mit ihren Buchdeckeln und hinter ihr kam Cyber auf seinem Laptopflugzeug angeflogen.

»Kommt zu uns, wir fliegen zusammen!«, lud Timo die beiden ein und die landeten vorsichtig an Deck des Rades.

»Wuff!« Tobi kam ans Ufer geplanscht und schüttelte sich.

»Tobi, lass das, du spritzt uns nass und wir erkälten uns bei unserem Flug. Komm, lauf unter uns her, wir fliegen zum Haus von Meister Alberti. Haltet euch hier fest!« Timo zeigte auf die Ziffern, die wie Haltegriffe auf dem Rad befestigt waren.

Langsam hob sich die Flugscheibe nach oben und nahm Fahrt auf. Unter ihnen schimmerten die Wiesen grün, gelb und bläulich weiß, Löwenzahn und Wiesenschaumkraut blühten und leuchteten in der Sonne, und Tobi zeigte, wie schnell ein großer Hund laufen kann.

»Schau, dort oben, der Wolkenwasserschneemann!«

Wirklich zog eine große Haufenwolke über den Himmel und das freundliche Gesicht des Wolkenmannes lächelte ihnen zu.

»He, nehmt mich mit! Ich bringe auch Verpflegung an Bord.«

Barış stand neben dem Verkaufsstand von *Çakır & Sohn* am Straßenrand und winkte. Wieder drückte Timo das fliegende Kodierrad mit seinem Steuerknüppel sanft nach unten. Barış reichte Datteln, Feigen, türkischen Honig, Nüsse, Kürbiskerne und ein paar saftige, gelbrote Möhren nach oben, füllte noch eine große Milchflasche mit frischen Ayran aus dem Drehfässchen und kletterte an Bord.

»Jetzt holen wir noch Michele, dann sind alle beisammen!«, jubelte Timo und steuerte das Haus von Meister Alberti an. Dort winkte Michele schon, und das weiße Mäuschen Kodja hüpfte auf seiner Schulter umher.

»Ich habe euch mit dem Fernglas gesehen!«, rief er.

Sie nahmen auch diese beiden an Bord.

»Meister Alberti hat noch zu tun, er lässt euch bestellen, wir sollen erst einen Rundflug machen und dann zurückkommen.«

»Machen wir einen Picknickrundflug!« Das war natürlich der Vorschlag von Barış.

»Einen Panoramaflug mit Picknick, gute Idee«, meinte Ramona.

»Klar, machen wir«, sagte Timo, und während sie weiterflogen, drehte er das innere Rad langsam im Kreis. Sie schaukelten um die Pyramide und flogen am Festspielhaus und der Tribüne vom großen Festzug vorbei. Barış verteilte Datteln und Feigen, Yurdakul knabberte die Möhren und Kodja knackte die Kürbiskerne mit ihren kleinen Mausezähnen. Die Ayranflasche wurde herumgereicht, das Picknick war im vollen Gange. Timo begann, an seinem Steuerknüppel zu drehen und das innere Rad drehte sich schneller.

»He, lass uns erst essen und trinken, dann kannst du Karussell mit uns fahren!«

Also glitten sie noch eine Weile friedlich über die grüngelbbläulich weißen Wiesen.

»So, einpacken, jetzt kommen wir wieder zum Haus von Meister Alberti.« Timo war ganz der Kapitän.

»Schaut mal, Tobi liegt gemütlich in der Sonne.« Yurdakul zeigte mit den Ohren auf die Treppe des Hauses. Und richtig, da lag Tobi neben dem Tisch der Empfangsdame. Sie winkte ihnen zu.

»Hallo, ihr Flugkünstler, nun zeigt einmal, was ihr könnt.«

»Da kommt auch Meister Alberti mit Imhetop!« Cyber hatte die beiden entdeckt, während sie aus der Tür traten.

»O Schreck, und hinter ihm Zack-Zack!«, flüsterte Ramona.

»Der ist doch eigentlich ganz nett«, beruhigte sie Timo.

»Und jetzt gibt es einen Doppeldrehflug um Meister Albertis Haus!«

»Ein Doppeldrehflug, was ist das?«

»Na, wir fliegen ums Haus und drehen uns dabei wie ein Karussell um uns selbst.«

»Und wir kodieren Zaubersprüche, Kodja läuft dabei noch zusätzlich im Kreis«, fügte Michele hinzu.

Timo lenkte das Flugrad um das Haus herum und drehte dabei das innere Rad immer schneller.

»An den Ziffern festhalten!« rief er. »Du musst verstehn!«

Das wurde eine wilde Karussellfahrt.

»Aus Eins mach Zehn!«, rief Ramona und hielt sich an der Eins fest.

»Und Zwei lass gehn!«; Barış klammerte sich an die Zwei.

»Aus Fünf und Sechs, so sagt die Hex.« Cyber turnte auf dem Drehrad hinter Kodja her über die Ziffern.

»Mach Sieben und Acht, das wär doch gelacht!« Michele sprang hinter Cyber her.

»So ist's vollbracht!«, rief Timo, denn sie hatten die erste Runde gedreht und kamen wieder an der Treppe vorbei. Meister Alberti und Imhetop winkten ihnen zu, Tobi jaulte auf und sprang in die Höhe und selbst Zack-Zack schaute ganz freundlich drein.

Doch schon waren sie vorbeigeflogen und drehten eine zweite Runde. Auch das innere Rad drehte sich immer schneller, und die Passagiere quietschten vor Vergnügen und klopften weiter Zahlensprüche.

»Und Drei mach gleich, so bist du reich!« Das musste wohl Barış sein, der sich an der Zwei und der Drei festklammerte.

»Verlier die Vier!« Yurdakul machte einen Kaninchensprung,

und als sie herunterkam, landete sie auf der Neun. »Und Neun ist Eins, und Zehn ist keins!«, fügte sie bei der Landung hinzu.

»Das ist das Hexen-Einmaleins«, raunte Michele geheimnisvoll.

Jetzt wurde es aber fast zu schnell. Sie brausten ums Haus und kamen wieder an der Treppe vorbei.

»Doppelt gemoppelt und gedreht!«, rief Zacharias ihnen zu, während sie herumwirbelten. »Doppelt gemoppelt und gedreht, ein jeder diesen Kode versteht!«

Und nun purzelten sie durcheinander und begannen, über den Rand davonzufliegen. Als Erstes breitete Michele seine Arme aus wie Flügel und flog zu Meister Albertis Haus. Dann schwebte Ramona mit den Buchdeckeln klappend auf ihrem Buch davon. Barış setzte sich auf seine Ayranflasche und schnurrte davon wie auf einer Rakete. Cyber zog seine Brille ab, die immer größer wurde, so groß wie ein doppelter Regenschirm, hängte sich darunter und schwebte davon. Kodja sprang auf Yurdakuls Rücken und klammerte sich an ihrem Fell fest. Yurdakul ließ die Ohren kreiseln und die beiden flogen als lebender Hubschrauber davon.

Timo drückte am Steuerknüppel, wie er konnte, aber das Kreiselrad ließ sich nicht mehr steuern und schleuderte mit ihm durch die Wolken, die inzwischen am Himmel aufgezogen waren. Der Wolkenmann zog sein rundes Gesicht immer mehr in die Länge. Alles wurde weiß. Timo ruderte wild mit den Armen.

»Guten Morgen, Timo, hast du wieder geträumt?« Vater beugte sich über Timos Bett.

»Ja, einen tollen Flug haben wir alle gemacht. Alle waren da!« Timo war ganz aufgeregt.

»Erzähl mir deinen Traum heute Abend, ich geh mit Tobi raus und muss dann los, und du stehst auf und gehst zur Schule. Dein Frühstück steht auf dem Tisch in der Küche.«

»Datteln mit Ayran?«, wollte Timo wissen, aber Vater schaute nur einen Moment verblüfft drein und schmunzelte.

»Kein Traumfrühstück, mein Junge, sondern Cornflakes mit Milch und Kakao.« Er zog die Gardine auf und öffnete das Fenster. Dann winkte er Tobi und ging zur Tür.

»Doppelt gemoppelt und gedreht«, rief Timo ihm nach.

»Wie bitte?«

»Ja, ›doppelt gemoppelt und gedreht‹, das hat Zack-Zack gestern gesagt, das ist bestimmt der Schlüssel zum Kode.«

»Das werden wir heute Abend sehen. Und nun tschüss.«

Vater und Tobi machten sich auf den Weg. Timo hüpfte vergnügt aus dem Bett und ans Fenster.

»Doppelt gemoppelt und gedreht«, rief er Vater und Tobi zu, die unten aus dem Haus kamen, »ein jeder diesen Kode versteht.«

… sind Träume wirklich?

Timo hatte einen guten Schultag hinter sich gebracht. Es hatte keinen neuen Test gegeben. Herr Zacharias hatte Timo nur freundlich und erwartungsvoll angeschaut und der hatte gemurmelt:

»Doppelt gemoppelt und gedreht, da haben Sie uns ganz schön angeschmiert.«

»Anschmieren gibt's nicht beim Kodieren und Chiffrieren«, sagte der. »Kodeknacken will eben auch gelernt sein.«

»Heute Abend schaffen wir's«, murmelte Timo.

Und dann war ganz normaler Unterricht. Nachmittags war Timo erst einmal mit Tobi zur Froschkuhle gegangen und hatte ans andere Ufer geschaut. Aber da saß kein weißes Kaninchen unter der Weide. Im Hintergrund leuchteten die Wiesen grün. Timo seufzte.

»Träume sind vielleicht doch Schäume. – Komm, Tobi. ich muss Hausaufgaben machen, damit ich fertig bin, wenn Pa nach Hause kommt.«

Als er die Aufgaben fertig hatte, konnte er doch nicht warten. Er nahm das Kodierrad und den Brief.

»Doppelt gemoppelt, also zwei mal sechs gleich zwölf«, murmelte er, »und dann gedreht, also einundzwanzig.« Er drehte das innere Rad auf 21 und begann mit dem Dekodieren.

XUM BYRYH-YCHGUFYCHM
DAS HEXEN-EINMALEINS

Na, so was! Dieser Zack-Zack, der alte Hexenmeister, da hatte er wirklich die Kodenummer in seinem Spruch versteckt. Und irgendwie kam Timo dieser Titel auch bekannt vor, aber er wusste nicht mehr recht, woher.

Tobi sprang jaulend zur Tür. Der Vater kam heim.

»Ich hab's, Pa, einundzwanzig!«, rief Timo, noch ehe sein Vater die Tür hinter sich schließen konnte.

»Wie bitte?«

»Na ja, zwei mal sechs gleich zwölf, gedreht gleich einundzwanzig. Das ist die Kodenummer.«

»Du hast also schon angefangen.«

»Ja, und die Überschrift heißt ›DAS HEXEN-EINMALEINS‹.«

»Das Hexen-Einmaleins, nun bin ich aber gespannt. Ich verstehe jetzt auch, was Zacharias meint mit dem Dichter und dem bedeutenden Werk. Warte, ich komme gleich, wir übersetzen das dann komplett.«

Und das war dann ja auch nur noch eine Fleißarbeit.

DAS HEXEN-EINMALEINS

DU MUSST VERSTEHN!
AUS EINS MACH ZEHN,
UND ZWEI LASS GEHN,
UND DREI MACH GLEICH,
SO BIST DU REICH.
VERLIER DIE VIER!

AUS FUENF UND SECHS,
SO SAGT DIE HEX',
MACH SIEBEN UND ACHT,
SO ISTS VOLLBRACHT:
UND NEUN IST EINS,
UND ZEHN IST KEINS.
DAS IST DAS HEXEN-EINMALEINS.[1]

»Und was soll das bedeuten?«, fragte Timo.

»Das sind Zaubersprüche aus einer Hexenküche«, erklärte Vater.

»Einer Hexenküche? Und wo ist die?«

»Die ist in einem großen Theaterstück, das Johann Wolfgang Goethe geschrieben hat. Es heißt *Faust.* Das wirst du später in der Schule noch lesen.«

»Hm, und dann versteh ich diese Sprüche?«

»Na ja, du verstehst, dass man sie gar nicht verstehen soll, jedenfalls nicht wörtlich. Es sind eben Zaubersprüche. Darum heißt es dann ja auch: ›Mich dünkt, die Alte spricht im Fieber‹.«

»Und wer sagt das? Zack-Zack schreibt, du wüsstest das.«

»Das sagt der Faust.«

»Und wer ist das?«

»Ein gelehrter Professor.«

»Was will der in einer Hexenküche mit Zaubersprüchen?«

»Die Hexe soll ihm einen Zaubertrank brauen. Den will er trinken und wieder jung werden.«

»Hm, ich will aber erst einmal älter werden. Und wer hat den Faust zur Hexe gebracht? Ist das auch ein Traum?«

»Nein, Timo, den hat Mephistopheles dahin gebracht.«

»Wer?«

»Mephisto, das ist ein anderer Name für den Teufel.«

»Für den Teufel? Spielt der da auch mit?«

»Ja, aber das wirst du schon noch lesen, später.«

»Da bin ich aber froh, dass ich es mit Meister Leon Battista Alberti zu tun habe, der Kodierräder erfunden und Kirchen gebaut hat.«

»Hast Recht. Komm, wir machen Essen.«

Beide gingen in die Küche. »Was soll's heute sein, Timo? Aber komm nicht mit Datteln.«

»Wie wär's mit Bratkartoffeln und Spiegelei?«

»Und dazu Krautsalat aus der Dose, ein gutes Essen für unsern Männerhaushalt.«

»Pa«, fragte Timo, während Vater die Kartoffeln schälte, »sind Träume wirklich?«

»Im Schlaf, Timo. Im Schlaf sind Träume wirklich.«

[1] Quelle: Johann Wolfgang Goethe, Faust, Erster Teil, Hexenküche, Verse 2540 bis 2552. Zitiert nach der Hamburger Goetheausgabe, Christian Wegner Verlag Hamburg, Band 3, 2. Aufl. 1954, S. 82, umgeschrieben in die neue Rechtschreibung, in Großbuchstaben und ohne Umlaute.

Simon Singh
Codes
Die Kunst der Verschlüsselung
Geschichte · Geheimnisse · Tricks

ISBN 3-423-**62167**-2

Seit Jahrtausenden versuchen die Menschen Geheimsprachen zu erfinden, die nur Eingeweihte verstehen können. Ebenso lange versuchen andere, diese Codes zu knacken. Simon Singh erzählt die faszinierende Geschichte dieses in der Regel todernst gemeinten Wettstreits und erklärt die Idee der Quantenkryptographie – unknackbar aus Prinzip. Nur das Verschlüsseln eigener Botschaften ist noch spannender – das Buch gibt Anleitungen dazu.

Johann Hinrich Claussen
Moritz und der liebe Gott

ISBN 3-423-**62168**-0

Ganz zufällig – weil es draußen regnet – flüchtet Moritz in eine Kirche, nicht gerade ein Ort, der ihm vertraut ist. Dort trifft er eine alte Frau, die ihn darauf hinweist, dass man die Kerzen, die man in einer Kirche entzündet, eigentlich auch bezahlen sollte. Aus der ersten Begegnung entwickelt sich eine Freundschaft und die Frau erzählt von ihrem ganz persönlichen Verhältnis zu Gott. – Für Moritz ist das alles neu, er möchte gern mehr erfahren. Wie gut, dass es jetzt eine neue junge Bibliothekarin gibt, die viel über die Geschichte des Christentums weiß – und unheimlich nett ist!